女孩平安诀

王大伟　郭晓红　著

群众出版社
中国人民公安大学出版社
·北　京·

图书在版编目（CIP）数据

女孩平安诀/王大伟 郭晓红著. —北京：群众出版社，2017.6

ISBN 978-7-5014-5694-9

Ⅰ.①女… Ⅱ.①王…②郭… Ⅲ.①女性—侵犯人身权利罪—基本知识

Ⅳ.①D924.34

中国版本图书馆CIP数据核字（2017）第140188号

女孩平安诀

王大伟 郭晓红 著

出版发行：群众出版社
地　　址：北京市西城区木樨地南里
邮政编码：100038
经　　销：新华书店
印　　刷：涿州市新华印刷有限公司

版　　次：2017年6月第1版
印　　次：2019年12月第2次
印　　张：4.625
开　　本：880毫米×1230毫米 1/32
字　　数：101千字

书　　号：ISBN 978-7-5014-5694-9
定　　价：15.00元

网　　址：www.qzcbs.com
电子邮箱：qzcbs@sohu.com

营销中心电话：010-83903254
读者服务部电话（门市）：010-83903257
警官读者俱乐部电话（网购、邮购）：010-83903253
公安业务分社电话：010-83905672

总策划： 郭晓红

策　划： 本书由广西壮族自治区钦州市公安局与中国人民公安大学青少年安全研究所（王大伟教授工作室）共同策划

合　作： 广西壮族自治区钦州市委政法委员会
广西壮族自治区钦州市妇联
广西壮族自治区钦州市团市委
广西壮族自治区钦州市教育局
广西壮族自治区钦州市法学会
广西壮族自治区钦州市青年联合会

卷首语

亲爱的女孩们，接下来，你将在这本书里学会许多平安知识，也会看到一些案例，包括性侵害、自杀和校园暴力。

在这一段时间里，你会觉得案例有点多，有些案例可能会引起恐惧，但千万不要害怕。

首先，这些案件在我们身边发生的并不是很多。

其次，我告诉你这些案件，只是想让你获得对犯罪的免疫力，就好像小时候去医院打疫苗一样。虽然当时胳膊会疼一点，但是以后就不会得病了，因为我们获得了对犯罪的免疫力。

警察叔叔和警察阿姨要告诉你的是：这些违法犯罪行为都是十分丑陋的，都是依照法律必须严厉打击的。所以，警察叔叔和警察阿姨向你保证，他们一定会保护你，他们一定会把这些违法与犯罪彻底消灭掉，他们一定会让你有一个安静祥和、平安幸福的生活。

亲爱的女孩，希望你认真地把这本书读完，它就像一只小灯笼，照亮你一个人独自前行的道路：

送你一只小灯笼，
平安嘱托记心中。
记得有人祝福你，
默默送你去远行。

警察叔叔、警察阿姨向你敬礼。

王大伟
2016 年 11 月 13 日

为女孩们撑起一片蓝天

（序）

每当看到女孩被侵害的案件，作为一名警务工作者，我感到肩上责任重大，而作为一名女性，我更是深深地感到惋惜和痛心。2016 年夏天，辖区发生一起女初中生被轮奸案件，案件发生后，警方十分重视，全力以赴，很快就侦破案件，三名犯罪嫌疑人全部落网。对于警方而言，这是一起成功的案件，行动迅速、取证及时、成功抓捕。然而，就在案件告破和大家认为舒一口气之际，却传来了被侵害女孩自杀身亡的消息。原来，案发后，女孩难以承受身心伤害和家人的不理解，痛苦地选择了跳江自杀。一个鲜活如花的生命戛然而止，令人扼腕！

该案对我震动很大，我常常想：假如，这个女孩学过如何自我防范和自我保护；假如，有人告诉她的父母，在女儿受到伤害后要安慰她、陪伴她，而不是责怪她；假如，有人在她最迷茫无助的时候，拉她一把……也许，结果会完全不一样；也许，她的生命就不会定格在 14 周岁；也许，她还能坐在宽敞明亮的教室里追求着梦想。可是，生活中没有那么多的“假如”和“也许”。对于被害人而言，伤害是不可逆的，案发之后的侦查破案仍是“事后诸葛亮”。

作为公安机关，我感到仅仅破案远远还不够，我们工作的触角，应该延伸到防范之初。于是，我们请来了中国人民公安大学的王大伟教授。王大伟教授是预防犯罪学方面的专家和权威。我们与王教授合作，专门写了一本关于女孩们如何防范和应对不法侵害的书，通俗易懂，老少皆宜。对于女孩的平安教育，父母、家人、学校、政府以及全社会都需要学习。

这本书，从理念到技能、从理论到方法，由大及小，深入浅出，对猥亵、性骚扰、强奸、校园暴力等女孩遇到的各种常见不法侵害，都详细地讲述了该如何防范和应对，这在目前国内应该也是头一次吧。全书内容丰富，从警察学的“前世今生”到最新的预防被犯罪侵害理念，从学法用法守法到心理危机干预，有自身防范技能，有家长应对方法，有社工介入技巧，还有给公安机关的锦囊妙计，多角度、深层次、全方位，努力为女孩从身心上筑起一道坚固的保护墙。

该书不同于其他安全“小手册”、“小书本”的地方，就在于它的实际操作性很强，用时下的流行语叫“接地气”。大伟教授以遇到的案（事）件素材为基础，提炼总结出女孩的安全防范知识，写成诗歌，编成民谣，排成手势操，以喜闻乐见、易学易记的形式表达出来，教给孩子们。如十六字的“手抱防护操”，附具体详细的说明，形象生动，简单易记，实用有效；再如打油诗“四喊三不喊”，不仅实用，还带着精彩的幽默，让人印象深刻。诸如此类，书中比比皆是。

我想对女孩们说，这是一本值得受用一生的书。平时多看看，绷紧安全防范弦；遇到问题再想想，自救助人都有招。真心希望此书在你危险时，是一把利剑，为你斩妖除魔；在你迷茫时，是一束阳光，为你拨云见日；在你无助时，是一盏明灯，能给你温暖和信心。

愿此书为所有的女孩撑起一片阳光明媚的蓝天！

郭晓红

2017 年 6 月

目录

前言：生个女孩要操心

警察给我护身符，
学会自救和自护。
身体壮得像老虎，
“肥头大耳”准有福。

一、世界上有两个女孩

如果说我这一生有什么遗憾的话，那就是没有一个女儿。2015 年，我被评为“中国十大先生”，在孔子的故乡山东曲阜受奖。我应邀在演播室里讲小女孩防性侵害的内容。主持人李×对我说：“我是女孩的爸爸，我有一个问题，如果生个女孩子，你要告诉她旁边有大灰狼，这个女孩心理不就扭曲了吗？她的心理会不会不健康了？”

其实，每次我出去讲这个课，都有一些爸爸会提同样的问题，因为世界上最爱女儿的往往是爸爸。面对这样的问题，我一般这么说，世界上有两个女孩：一个叫快乐的女孩，爸爸告诉她，世界上只有鲜花，没有大灰狼。等她长大以后，她遇到大灰狼却不自知，结果被大灰狼吃了。

还有一个叫谨慎的女孩，小时候爸爸告诉她，人间不仅有鲜花，也有大灰狼。也许这个女孩的心灵有一点点扭曲，有一点点压力，有一点点害怕。可是等她长大之后，遇到了真的大灰狼，她就知道："啊！这是大灰狼啊，我爸爸告诉过我。"她就会躲开，从此过上幸福的生活。

那么普天下的爸爸们，这两个女孩，一个是幸福的女孩，一个是谨慎的女孩，你要哪个女孩呢？

（一）快乐的女孩

1. 我对女儿养育的要求，是90%的健康和10%的欢乐。

2. 别听别人胡说，世界上根本就没有大灰狼。

3. "小裤衩、小背心不许别人摸"，这句话多不吉利呀！

4. 不能让孩子心灵扭曲，跟孩子讲这些安全知识干什么？为什么警察不负责任？

5. 上学放学的路上都是鲜花。

6. 要相信你身边的每一个人。

7. 周末来了，多学点舞蹈，多学点钢琴，这才是女孩子要学的东西。

8. 安全知识是骗人的。凡是讲安全知识的人都是心理变态，都是抑郁症。

9. 安全知识会让孩子的心灵扭曲。

10. 我会保证我的女儿一生平安，不用你们操心。

（二）谨慎的女孩

生个女孩要操心，女孩平安诀12条（王大伟根据在英国学习的平安警语和在国内30年儿童安全教育的实践，总结出女孩平安诀12条。衷心希望每位父母都要会，每个女孩都要会。祝福女孩一生平安）：

1. 女孩可能遇到四只大灰狼——强奸、猥亵、自杀和校园暴力。

2. 裤衩、背心覆盖的地方不许别人摸。

3. 心中的小秘密一定要告诉妈妈。

4. 坚决不打黑车。

5. 不仅在上学放学的路上，甚至在学校里也会有危险。

6. 夏天的晚上，一个人独自行走要留神。

7. 要警惕“半熟脸”。

8. 美酒鲜花浪漫，帅哥美女的氛围一定要提高警惕。

9. 男孩女孩独处一室的时间不要超过30分钟。

10. 要学会“发现坏人术”。

11. 要学会“二龙戏珠术”。

12. 被色狼欺负以后，要去看医生，要告诉家长，要去报警。

二、英国的女童教育

我年轻的时候在英国埃克赛特大学学警察学。我看到英国的警察在巡逻的时候，会带一个小狗熊玩具，大概有核桃那么大，后面的白色缎带上会写一些警语，比如说：“不和陌生人说话。”“小裤衩、小背心神圣不可侵犯”。我后来就把他们的这种理念和做法引到中国来。

不光警察对女孩子操心，爸爸妈妈就更操心了。我们比较一下中国妈妈和英国妈妈对待女孩子安全上的态度，却好像有点不一样。

中国妈妈与英国妈妈的比较：

中国妈妈讨厌“小裤衩、小背心不许别人摸”这句警语，认为不吉利。

中国妈妈不相信孩子身边有大灰狼。

在女孩遭到性侵害之前，中国妈妈不愿开口教女儿自救自护知识。

在女孩遭到性侵害之后，中国妈妈又为了脸面不愿声张，宁吃哑巴亏。

中国妈妈认为听话才是好孩子。

英国妈妈教给子女“儿童十大安全宣言”，鼓励孩子打破常规，自救自护。

在女孩遭到性侵害之前，英国妈妈主动教女儿自救自护知识。

在女孩遭到性侵害之后，英国妈妈主张及时进行三种救护。

三、从预防犯罪到预防被害

从预防犯罪到预防被害（From crime prevention to victim prevention）。首先谈一个理念，从预防犯罪到预防被害，这是世界预防犯罪理念的转变。什么叫预防犯罪到预防被害呢？作为一个人、一个家庭，我们想预防犯罪，是没法预防的。但是我们能够预防被害，让我们自己的家人不被犯罪侵害。比如我们告诉一个小女孩，小裤衩、小背心不许别人摸，小女孩知道这一点就不会被犯罪侵害。我们把自家的孩子教育好了，再教育我们的邻居，这样，一小片地区的人安全了，如果全国每一个小社区、每一小片地区都安全的话，那么犯罪就根本没法儿发生。这就叫“从预防犯罪到预防被害”。

记得某一年的9月被称为“黑色的9月”，据说当时有四个女大学生失联，有的女大学生被坏人掳走了，有的女大学生被坏人侵害了，有的女大学生被坏人杀害了。这里的原因是什么呢？第一，她们都是从家里去上学，身上带着学费，有的人带好几万块钱。第二，她们都是在火车站和汽车站换乘的时候，犯罪分子看女孩子一个人好欺负，把她骗到车上，拉到荒郊野外去的。所以这些女孩子被性侵害，本身存在被害性的问题。实际上那个所谓“黑色的9月”，并不是说只有这四起案件，实际情况远超这个数字。如果家里面有个女孩的话，就要听一句话：“生个女孩要操心”，要把防范知识都教给女孩子。

“黑色的9月”的案子发生之后，有人说要坚决地对犯罪进行严厉打击。对不对？对。有人说，要整治黑车？对。但是还有更重要的事，就是要告诉每个孩子，一辈子不要打黑车。大家看这儿有四句话：

背心裤衩不许摸，
慎坐别人顺风车，
小小秘密告妈妈，
问我名字不能说。

如果我家有一个小姑娘，就把这四句话教给她，第一是小裤衩、小背心谁也不许摸，第二是一辈子不打黑车，第三是有什么小秘密告诉妈妈，第四是问我名字坚决不说。如果女孩子能够记住这四句话，一辈子不受犯罪侵害，这就是我给大家讲的从预防犯罪到预防被害。

四、平安套餐十个关键词

1. 露富：男人只带一百元
2. 家庭：家里三不搁
3. 色狼：四喊三不喊
4. 女孩：背心裤衩覆盖的地方不许摸
5. 危险：人一生要遭受七灾八难
6. 情景：给小偷一个不偷你的理由
7. 孩子：口鼻嘴眼大麻烦
8. 自卫：每个女孩应有一个防身绝技——二龙戏珠
9. 秘密：远离酒色财气烟话
10. 犯罪：小脑门的人不是天生的罪犯

五、一周三遇大灰狼

案例：小西被刺双眼案

星期一，11岁的小西放学在家门口玩，11点钟来了一个叔叔，骑红色摩托车，问小西吃不吃火腿肠，小西就跟他走了。到了下午，一个老农民到山上种地，听到山上有什么在叫，上山一看，发现小西光着屁股、满脸是血。小西一听有人，就说："叔叔让我去你家吧，山上太冷了。"原来坏蛋把小西骗到山上强奸了，他怕小西指认又把她的两只眼睛扎瞎了。好心人把小西接到北京，给她捐了26万元用于治疗，但小西还不知道，以为自己的眼睛没瞎，还说赶快把眼睛治好，好去天安门看升国旗。

案例：厦门女孩被强奸案

星期三，三个8岁的厦门女孩遇到一个叔叔，他说："你们见过飞机没有，走吧，我领你们去看飞机。"结果三个女孩都被强奸了。

案例：电视台女记者案

星期四，一个电视台的女记者，说要来采访我，到约好的星期五我一开门不是她，我问不应该是那个女孩子吗？结果那个女孩子没来，因为她家昨天晚上被抢了，其实不是被抢了，是入室强奸。这个女孩子在反抗中从三楼跳下去，把腰摔折了。

这一个星期我就知道发生了三起强奸案。

六、隐案

性侵害的隐案比例是1:7。如果你发现一起性侵害案件，背后按统计学的原理还藏着6起潜在案件。现实中其实存在大量的隐案。一般人的一生要遭受3次犯罪侵害，4次自然灾害，即我们常说的"七灾八难"。

七、粗心的爸爸

要让父母都放心，先学自护小窍门。我们预防犯罪要从身边抓起。作为父母，你们知道孩子身边有多少危险吗？有一次我去深圳讲课，司机开车接我，他给我讲了个真实的事。他有个两岁的小男孩。有一天爷俩儿在家里玩，小男孩刚会说话，他就跟爸爸说“鼻子、鼻子”，老说鼻子，正巧他爸爸手里有一个黄豆大小的吸铁石，就把吸铁石往鼻子上一搁，居然吸上了。这是怎么回事呢？原来他儿子把小汽车的螺丝卸下来，两个小鼻孔都被塞满了，如果进到气管会非常危险。

八、防身器

每个女孩都要有一个防身器——“尖叫报警器”。“尖叫报警器”是我从英国引进来的。有的女孩子说我有催泪瓦斯；有的说我有电警棍，有多少万伏的高压。这些都是杀伤性防身器，坏人抢过去反过来会伤及自身。而“尖叫报警器”是非杀伤性的，它能产生120分贝的尖叫，既能恐吓犯罪分子，又会把路人的注意力吸引过来。

九、防身技能

作为一个女孩子都要有防身的手段与技能。我这里教大家两个。

1. 发现坏人术。一个女孩在街上走，一回头发现一个人尾随该怎么办？标准的答案是走到马路对面去，这个街很空旷，如果他不跟过来就没事，如果他跟过来，女孩再走回来。如果他又跟回来，那他100%是色狼。这个时候怎么办？逃命。这是我在英国念书的时候，英国的警察教英国女孩子的一招，很有效、很实用。为此，我编过一个小歌谣：

身后有人很可疑，
走到马路对面去，
要是他又跟过来，
拔腿就跑莫迟疑。

2. 二龙戏珠术。如果女孩被堵到一个死胡同里了，打也是“死”，不打也是“死”，反正我今天得“死”，我就得打。但一看自己胳膊这么细，打不过他，怎么办，我教大家二龙戏珠术。撤步，左手从地上抓一把沙，一把扬到他眼里，右手攻击抠眼睛，同时踢裆。抓土、抠眼、踢裆。这是妈妈们应该教给女孩的，我现在教给你了（这只是针对犯罪分子的，小男孩决不允许用这招去打架）。

有一次我到医院去抽血，抽血的护士问我是不是教二龙戏珠术的老师。她说她有个女儿上护校，每天晚上都要去值班。她让女儿学学二龙戏珠术，女儿说不学，说那都过时了，现在地下都是水泥地，上哪儿抓土去？她没词了。等到晚上女儿去上班，她从兜里掏出一个纸包给女儿，女儿问是什么？她说：“你不是说没土吗？给你包了一包生石灰粉。”女儿说我不拿，她说：“让你拿你就拿。”结果女儿说那得看刮什么风。可以看出，女孩子们现在的防身意识普遍不强。

十、平安三宝

1. 平安一宝——身份识别卡

身份识别小卡片，
十指指纹印上边。
遗传密码保留好，
血型急救保平安。

家里有孩子，我们就给孩子“平安三宝”，第一个是身份识别卡。有一次我在饭馆吃饭碰到一个澳大利亚人，他问我是警察吗，我说是，他说送你一个东西，是一个卡片，卡片上面的10个圆圈叫十指指纹，孩子生下来揪下两根头发在上面，就保留了DNA，上面写有爸爸妈妈的电话，这样，身份识别卡就做好了。上幼儿园的时候给幼儿园老师，上小学的时候给小学老师，这样幼儿园、学校就保存了孩子全部的生理信息。这个有什么用呢？有一个女孩子去澳大利亚上学，她妈妈对她说永远不要坐陌生男人的车，除非你特别了解他，结果她就没坐过。过了半年，她考试特别好、特别高兴，正好来了一个男孩子，说咱俩出去玩吧，结果女孩子走了以后，两个月也没回来，后来在臭水沟里发现一具已经腐烂的女尸，没有DNA、指纹识别这些东西，也不知道是不是她女儿。我曾经建议，现在已经被采纳了，就是我们国家一年有一两万出国留学的人，都给他们做一个身份识别卡。

2. 平安二宝——报警器

报警器像小鸭蛋，
夜里打开是手电。
压在瓦砾可呼救，
拉开吓跑大坏蛋！

3. 平安三宝——平安读本

每个人都需要一本平安教材，特别是中小学生与有孩子的家长。

最近我去南方的一个城市，那里发生了多起强奸案。其中有一个女孩子，被坏蛋轮奸了，回到家里，爸爸还打她的耳光，说："你看你这个孩子，出去浪什么?"女孩子越想越想不通，跳河自杀了，这在全国还引起了一定的轰动。

所以，我要写这本书，要让普天下的女孩子，在没遇到大灰狼以前知道这世上有大灰狼。要有防范意识，要有防范心。

在遇到大灰狼的时候，要知道怎么斗智斗勇，怎么脱身?

一旦被大灰狼咬了一口，我们怎么去救助这些可怜的女孩子?给予她们生理、心理和法律上有哪些帮助?

人越老，就越喜欢孩子，越看不得孩子受委屈、受欺负，甚至被犯罪侵害。所以我还是要说一句话，生个孩子（尤其是女孩子）要操心，警察要操心、老师要操心、爸爸妈妈更要操心。

第一讲　女孩平安的五个要诀

五福捧寿护身符，
观念自救和自护。
时空氛围与技能，
背会四点准有福。

女孩防范有什么绝招？今天给女孩支个小绝招，叫作“五福捧寿”。这五福捧寿是哪五福呢？

第一福是“长寿”，第二福是“富贵”，第三福是“康宁”，第四福是“好德”，第五福是“善终”。

“长寿”是命不夭折而且福寿绵长。

“富贵”是钱财富足而且地位尊贵。

“康宁”是身体健康而且心灵安宁。

“好德”是生性仁善而且宽厚宁静。

“善终”是能预先知道自己的死期。临命终时，没有遭到横祸，身体没有病痛，心里没有挂碍和烦恼，安详而且自在地离开人间。

什么叫善终？就是老头老太太到了80岁、90岁无疾而终。头晚睡觉，第二天早晨没睁眼，就跟小沈阳说的一样，眼一睁一闭，一生就结束了。这都是古代人觉得非常好的事情，叫“五福捧寿”。女孩平安有五个要诀。

一、要诀一：心防（观念预防）

未晚先投宿，
鸡鸣早看天。
过桥须下马，
有路莫登舟。

犯罪学小秘密：从预防犯罪到预防被害

首先，无论是对犯罪的严厉打击，还是“社区警务”，都对降低犯罪率作用不大。各国警察也都在寻求打击以外的新方法。

其次，老百姓对打击犯罪也没有太大作为。一个家庭，一对父母可以做的，更多的是把预防犯罪侵害的技能教给子女，保证自家不被犯罪侵害。

世界上有两只大灰狼，一只是强盗，另一只是色狼。所以女孩子要防这两只大灰狼。有一句老话：“男孩能吃千般苦，女孩能绣万朵花。”女孩子和男孩子相比较，更需要小心谨慎，更需要防范意识，更需要父母的呵护，更需要学会观察和预警。而这些防范的核心就是“心防”。

给大家讲一个耍蛇的故事。有段时间我怀疑自己有抑郁症，就到医院去看医生，我找了北京许多有名的医生，有的医生说我有，有的医生说我没有。结果有一天我终于知道自己有没有抑郁症了。

事情是这样的，有一天我到电视台去录节目，前一个录的节目叫耍蛇。在演播室里面有个铁笼子，里面全部都是蛇，桌子上也都是蛇，我在旁边看得吓坏了，就赶快出去了。我一边走一边自言自语道：我真是有抑郁症，为什么别人都不害怕呢？而这时候化了妆准备演出的小女孩、看门的老大爷都往里面跑，都去看耍蛇。我在外面等了20分钟，感觉这个节目快完了，就推门往里看，结果最后一幕我看到了。这个专家耍完蛇后，把毒蛇往笼子里放，拿着夹子夹起最后一条毒蛇时，他说："各位上心，我把这个蛇放到这个笼子里，我的手要猛盖这个盖，如果我的手晚1/6秒，蛇就会从笼子里出来反咬我一口。"

专家说完这句话，就把蛇往笼子里一扔，手往下一压，结果真晚了1/6秒，蛇在一瞬间咬在他的手上，血一下子就出来了。我马上说不要录了，会出人命的。我问那个专家：你身上有钱吗？他说有，我说赶快去医院。万幸不远就有一个医院，医生问专家是被蝮蛇咬的还是竹叶青咬的？专家说是被蝮蛇咬的，医生说你得救了，因为北京只有蝮蛇的血清，没有竹叶青的。通过这件事我才知道我原来没有抑郁症，是其他许多人都有病。

所以从现在开始，遇到任何事都要警觉，要教孩子学会害怕。有人会说，小女孩这么漂亮，你让她一天到晚这么害怕好吗？是的，为了她的安全，你得告诉她"世上有鲜花，也有大灰狼"。

"心防"，就是干什么事儿都要提高警惕。比如，孙子上学了，你得嘱咐他一句："注意车呀。"这就是个心防。小女孩回家的时候，能随随便便一掏钥匙就把门打开吗？不能。要先左右扭头看看，门的周围10米内有没有人，没有人的情况下再把门打开。如果准备开门时，自己还没把钥匙伸进去门就打开了，或者门是虚掩着的、半开着的，这时候能不能进屋？不能进。各位，怎么办？赶快去找邻居，问邻居："我家没人在家，这门怎么是开着的？"因为大灰狼很有可能就在屋里。什么叫"心防"？就是什么时候都要多个心眼，多想一步，这就是"心防"。

二、要诀二：时间（犯罪月历）

较为平安三月三，
四月五月往上蹿。
夏季多发强奸案，
冬季侵财到峰巅。

一年有三次犯罪高峰期。

三月三，大理对歌，男孩子和女孩子谈情说爱，这个时候犯罪很少。

春天暖气停了，春风刮了，树也绿了，小草也长出来了……春天来了。大家知道春天什么类型的犯罪居多吗？什么危险易发吗？一个是火灾，人常说"月黑杀人夜，风高放火天。"这风一吹，你就该知道家里要防火了。另外，在春天犯罪分子会重新冒出头来，为什么？有个节气叫惊蛰，一打雷害虫就醒了，犯罪分子也像害虫一样蠢蠢欲动。因为过完年，犯罪分子都在家待着没事儿干，就想出去捞钱。所以，这是一年的第一个犯罪高峰期，这就是所谓的“四月五月往上蹿”。

“夏天多发强奸案，冬季侵财到峰巅”，这是我们总结出来的犯罪规律。夏天什么案子居多？性侵害。春风一刮，小姑娘们就都穿上了裙子，真是“忽如一夜春风来，千树万树梨花开”。到夏天更是满街都是红的绿的小裙子，耀眼夺目。犯罪分子一看这些小姑娘穿的衣裙，那叫一个“瘦露透”，又瘦又露，质地又透。这刺激到犯罪分子，所以小姑娘在夏天一定要注意自己的穿着。

一天的什么时候犯罪最多？天黑的时候。是前半夜犯罪多呢，还是后半夜？事实上，后半夜犯罪要少于前半夜。为什么呢？因为犯罪分子累了，也想睡觉。但是，犯罪分子在后半夜不犯罪则已，一犯罪必是大案子，如杀、抢、入室盗窃等。

白天什么时候犯罪多呢？女孩子这点一定要记住，白天从中午到傍晚家长回到家这一段时间，叫作犯罪次高发时间。通常中午到傍晚，家里只剩下孩子一人，父母都外出了。犯罪分子会先敲门问“家里有人吗”，等孩子把门打开，一看大人不在，就打伤或打死孩子，把家里贵重的东西掠走。

吉林有这么一个案例，十几个女孩被强奸，时间大概都在下午4点钟。吉林有种民房宿舍，走廊里头没有灯，天一黑楼道里就很暗的。冬天天黑得早，那些女孩放学回家，大人还没回来，楼道里藏着的色狼，就会强奸这些女孩，这事弄得人心惶惶。警察通过分析和推理，认为这个色狼大冬天只穿着件毛衣，很可能是出租车司机。他穿着毛衣，是为了活动方便。最后犯罪分子被抓住了，还真是一个出租车司机。犯罪分子就是利用孩子放学早，大人回家晚，楼道里头又没有照明等因素来作案的。

三、要诀三：空间（犯罪地图）

陷阱就在咱身边，
上学路上有危险。
游戏机厅小卖部，
荒郊野外更凶险。

针对中小学生的侵财高发区域为：上学和放学的路上，教室内外，校园附近的小卖部，游戏机室等。对这些区域，应教育学生提高警惕。

第一，上学和放学的路上。什么地方犯罪最多？过去一般认为荒郊野外、青纱帐里或草窠子里，是犯罪分子伤害孩子时最喜欢选择的地方。但现在不完全是了，现在他们选择在上学和放学的路上伤害孩子，所以家长不要以为上学和放学的路上很安全。

第二，学校周围的小卖部和游戏机厅都可能是藏污纳垢的地方。有些人昧着良心给孩子弄点吃的，让他们在里面一玩就是几天几夜。把孩子送到学校里是不是就等于安全了呢？也不安全。为什么呢？学校里头也不全都是好人，个别教师也会犯罪。有一个老师猥亵了43个女孩，还要手段逼迫这些学生写下保证书，不让告诉她们的家长，不让去告状。

还有一个更残忍的老师，他把班里6个女孩强奸了，而且是在课堂上强奸的。他对所有的小男孩说：“你们把眼睛都闭上。”然后实施侵害，结果女孩不懂，被性侵害之后回去就跟爷爷奶奶说：“爷爷，我们老师上课不穿裤子。”爷爷说：“你净胡说八道，老师上课能不穿裤子吗?”这就是我们家长失责。当然绝大多数教师都是优秀的人民教师，只有个别是害群之马。但就算只有个别的害群之马，我们也得防。

四、要诀四：氛围（警惕性公式）

犯罪学小秘密：强奸案60%是发生在熟人之间

我们提出警惕性的公式：警惕性与信任程度和熟悉程度是成反比的。

晚上在大街上走，看到迎面走过来一个长相凶恶的陌生人，你可能吓得哆里哆嗦，要是迎面走来一个熟人，你的心理可能就放松了。据日本人研究，60% 的强奸案是发生在熟人之间。我们对老师、同学的信任程度非常大，因此个别老师就是利用学生们的这种信任进行犯罪活动，而且犯罪发生以后，家长还不容易识破。

警语：男女独处一室不要超过30分钟

什么叫氛围呢?就是环境。环境的氛围越好危险越大，如果一个男孩和一个女孩在五星级的宾馆独处，喝着红酒，听着音乐流水般的旋律，屋子又是封闭的，这时候的危险是最大的。所谓氛围越好危险越大。日本人曾经研究过，大概 60% 以上的杀人案、强奸案、入室盗窃案都是熟人所为。越是熟人你越应该提高警惕，因为害你的往往大部分都是“半熟脸”，这就是应该注意的氛围问题。

《水浒传》里有一个潘金莲和西门庆的故事。潘金莲多大呀，22 岁，长得非常漂亮。西门庆是个什么人物呢？帅哥，身高九尺，而且非常有钱，好像是山东省阳谷县紫石街大药房的“经理”。帅哥美女坐在一个屋子里正喝酒呢，这时候王婆突然站起来，说：“哎呀，你看我忘了去给你们买点儿水果。”说着王婆转身就走了，并把门从外面给插上了。这叫什么？外插门。屋子里就剩下孤男寡女了。一看时机成熟了，西门庆故意拿手一抚，桌子上那双银筷子“当啷啷”掉地上了，西门庆就假装去捡那双银筷子。一看潘金莲的脚在那儿，一把抓住潘金莲的脚。潘金莲“噌”地站起来，说了一句话：“官人，你真的要勾搭于我吗？”这是《水浒传》里的原文。

现在还有一个版本：西门庆一看时机到了，袖子一抚，银筷子掉地上了，西门庆假装去捡那双银筷子。一看潘金莲的脚在那儿，刚要抓潘金莲的脚，潘金莲“噌”地站起来，说了一句话：“对不起，我要回家。”西门庆说：“你着什么急啊，好好地坐着，干吗要回家呀？”潘金莲说：“王大伟说了，‘男女独处一室不要超过 30 分钟’。”这就叫警语，这句警语要教给每一个女孩子。

中央电视台有个女主持人，她的儿子很优秀，是个很英俊的小伙子。他是校团支部书记，以前请我去他学校讲过一次课。过了很久，有一天他在路上碰见我，说：“王老师，我还记得你那时候给我们上的课。”然后我就问他：“你都记得哪些语录呀？”他说：“男女独处一室不要超过 30 分钟。”这句话，在职场里也管用，老板要让你去谈话，谈到 30 分钟，你就“噌”地站起来要离开。老板说："为什么要走啊?"你说："男女独处一室不要超过30分钟。"

五、要诀五：技能（操作性技能）

英国警察的妙招：学会留下个人标记

香港白领女性乘电梯的时候，经常会遭遇犯罪分子非礼、猥亵。当犯罪分子掐她们的脖子，或想把她们搂进怀里的时候，她们就会把挎包扔出去。其他等电梯的人看到扔在地上的挎包，可能就会推断出这个电梯里出事了。这果断一扔，也许就能救她们一条性命。

最后一个要诀就叫"技能"。我们每一个人都要有点儿技能，比如说女孩子长大了，父母就要教她一些防身术，那就叫技能。

案例：有一个女孩子被犯罪分子摁在草垛里强奸了。强奸以后，犯罪分子想逃之夭夭，结果被两个巡警抓住了。这个女孩子就说："警察叔叔，他欺负我。"犯罪分子说："你说我欺负你，你有什么证据呀?"大家都知道，告别人强奸得拿出证据来？什么毛发、精斑、体液、抓痕或现场遗留物之类的。这叫"五大证据"。女孩子说："你摸摸你的口袋。"犯罪分子一摸口袋，吓傻了，他口袋里有一把稻草。原来，犯罪分子强奸她的时候，女孩子已经没有办法反抗了，她就在草垛里抓了一把稻草装在犯罪分子兜里。她跟警察说："所有的这些毛发、精斑、体液、抓痕，现场遗留物都在草垛里呢，为证明他去过草垛，咱们到草垛里去找吧。"这就叫"学会留下个人标记"，这是我们每一个人都要学会的。

如果你走着走着，突然掉进了一个坑里，或者你走着走着，突然蹿出一群人要劫持你，再或者你走着走着，突然一辆车眼看就要撞到你，总之当你觉得危险就要发生的时候，怎么办？你手里有什么就往外扔什么。记住这个就叫作：留下个人标记。比如说在掉到坑里的时候，从你踩到井盖到掉下去大概要4秒钟，这4秒钟内你手里有什么，就往外扔什么。特别是中老年同志，你若没往外扔东西，谁也不知道你掉进坑里，只有等死了。经常有人掉进消防坑里去了，结果死了却谁也不知道。聪明的人在往下掉的瞬间，哪怕往外扔个眼镜或挎包，也许路过的人就能看到。这就叫“学会留下个人标记”。

大家记住，这五个要诀是：心防、时间、空间、氛围、技能。我们把这五个要诀掌握了，就相当于学会了对待周围复杂环境的小策略，学会了这些小策略，女孩将受益终生。

第二讲　欧美保护女孩的最新理论

儿童安全教育有三大智慧。

1. 警之于先，察之于后（警察学）。
2. 主动自救观念预防（犯罪学）。
3. 给小偷一个不偷你的理由（被害人学）。

第一是“警之于先，察之于后”。老百姓说：“刀伤药再好，也不如手不拉口。”小女孩受到性侵害了，把犯罪分子抓住很重要，可是这个女孩子一生心里就有了很大的阴影，所以最重要的是防范。

第二是主动自救观念预防，我们孩子的教育不是依靠别人，要靠孩子自己救自己。

第三是给小偷一个不偷你的理由。小偷偷你，骗子骗你，坏蛋把你的孩子抱走，都或多或少和你的安全防范意识的降低有关，也许可能是跟你的“显弱露富”等一些个不安全的习惯是联系在一起的。

一、警察学相关理论

《狮子教子》

狮子教子要吃苦，
受点挫折学自护。
遇到坏蛋敢说不，
摔倒爬起拍拍土。

王大伟提示：

1. 羊的反抗：慌乱，大叫，无效攻击，不敢逃跑，等死。

2. 狼的反抗：镇定，隐蔽，致死一击，果断逃难，斗智。

什么叫警察？警察叫：“警之于先，察之于后”。警之于先就是防范，察之于后就是打击。中国字很有意思，你知道“裁缝”这两个字吗？“裁之于先，缝之于后”。会缝那不是本事，关键是会裁。一个好警察不是只会事后破案打击，好警察是会事先防范的。这是我们要学习的第一个理论，叫警察学。

有一个小观念叫“主动自救观念预防”。我们每个家庭成员甚至每个孩子都要对自己的安全负责，遇到了险情我们要自救，同时还要有观念预防。现在我们说人防、技防、物防都不如心防，心防就是观念预防。什么叫观念预防？

历史上预防犯罪有两个模式，一个叫主动自救观念预防模式，另一个叫作被动他救技防模式。我自己被犯罪侵害，比如被偷了，小姑娘被坏蛋欺负了，我打“110”，等着警察来救我，我希望有一个探头能够把犯罪记录下来，这是过去的模式。

世界上警察是最年轻的职业，只有不到200年的历史，我们叫作四次警务革命。

第一次警务革命，是1829年罗伯特·比尔建立了英国伦敦大都市警察。在英国，大家都知道一个词，叫“苏格兰场”，有个叫罗伯特·比尔的爵士建立了苏格兰场，这是警察从无到有的革命。

第二次警务革命，是美国警察的专业化。美国警察头上戴着巴拿马礼帽，身上穿着牛仔服、马裤、皮靴，一边一把左轮手枪。警察穿得像牛仔，犯罪分子穿得也像牛仔，你看我我看你，谁也不能掏枪，掏枪违反游戏规则。这时候要等着教堂的钟声敲响，一到12点，警察掏出枪来，一枪把犯罪分子击毙，两个字“潇洒”。第二次警务革命，是警察独立与成熟的标志。

第三次警务革命，叫警察现代化。你看警察头上戴着反转的头盔，肩上带着对讲机，身上穿着防弹背心，腰里是八件宝，脚底下还有一双防地雷的皮靴。这边是警车，警车里有笔记本电脑，笔记本电脑里有全套的犯罪信息。这样一个警察从头到脚，顶盔带甲，武装到牙齿，西方人给他起了一个名字叫“机器人”。这时候的警察是现代化最好的时候，老百姓一出事就拨打报警电话，警察于4分20秒内到达现场，这叫快速反应机制。

第四次警务革命，是社区警务。人们发现一个规律，产生犯罪的根源在社会，抑制犯罪的主力军是人民群众。老百姓必须自警、自助、自救，专门机关和广大人民群众相结合，只有把老百姓都调动起来，犯罪才没有藏身之处。像北京有“西城大妈”、“朝阳群众”、网上志愿者等，犯罪分子都逃不出他们的眼睛。明星吸毒一抓一个准，这是听谓“世界六大神秘情报组织”，非常的神秘，这就是打人民战争。所以我们提出来从过去第三次警务革命的被动他救技防模式向现在第四次警务革命的主动自救观念预防模式转变。

二、犯罪学相关理论

世间为何有色狼？
环境教育不一样，
逃学常常会学坏，
家庭教育要跟上。

研究犯罪是从遗传、环境、教育这三个方面入手，重点放在环境、教育上。

我告诉大家，强奸犯也好，色狼也好，大部分都是正常人，他们基本上是后天环境影响、教育出现问题的结果。有没有个别人确实是生理上不正常呢？有。大家知道，所有女人的染色体都是XX，所有男人的染色体都是XY。总是犯强奸罪的人，抽血化验后，你会发现他的染色体是XYY，多了一个Y，所以有些人说应该把他们阉割了。有没有道理？值得讨论！

1. 电梯色狼。北京有一家医院，每到半夜12点，开电梯的女孩子就进入似睡非睡的状态。她迷迷糊糊中一睁眼就会看到一个大色狼，要么露阴，要么做一些特别恶心的动作。女孩子对此采取了什么做法呢？百分之百的都是一条：假装睡着。这叫鸵鸟政策，一味地躲起来，一味地妥协。所以这个色狼得寸进尺，便上去对女孩子亲一亲、抱一抱、搂一搂。可是他不知道，每个电梯里都有一个摄像头，能把电梯里发生的事儿都记录下来。我们应该教育这个女孩，不要装睡啊，应该果断地跑出电梯。因为那是医院，周围肯定有人，可以高声地大喊求救。

这个犯罪分子最后被抓住了，原来他是一个癫痫患者。癫痫就是咱们老百姓说的“羊角风”。脑子颞叶部分有一个肿瘤。他一犯羊角风的时候，自己也不知道自己干了什么事。那么他这个行为就不能定罪，只能给他治病。

2. 染色体色狼。除了电梯色狼以外还会有各种各样的色狼，对待这些色狼怎么办？美国曾经有这么一个事件，好多女孩子上街游行，说政府对强奸犯太宽容，虽然强奸犯被判了刑，可是放出来后再强奸人怎么办？政府要拿出政策来。这些女孩子就建议政府立法，把强奸犯一律阉割掉。

我们在研究犯罪的时候，会引入一个犯罪学的理论，叫作犯罪生物学。当然我们只限于讨论，是不是把普天下的强奸犯都阉割了，就能够预防性犯罪？换句话说，这样做是不是就天下太平了？绝对不是。更重要的是，每个女孩子要有防范意识、要有防范技能。

三、被害人学相关理论

流星雨

流星雨，落天边，
有个女孩被人骗。
斗智斗勇智为先，
观念预防记心间。

前几年，北京出了一个叫流星雨的事件。狮子座流星从天而降，像下雨一样，一个小时有两千颗流星。北京的孩子都乐坏了。家里有点钱的都去买一个望远镜。有个女孩子，晚上带着她的表弟两个人出去看流星，迎面走来一个保安，是一个犯罪分子。他一下把这两个小姐弟叫住了，说你们有身份证吗？没有。他就把表弟叫走，让表弟回去拿身份证。那个保安把女孩带着穿过三个路口，来到一个公园，先奸后杀。北京人听到这个消息都非常难受，大家最后在雪地里把孩子找到了。我们的孩子为什么连一点防范意识都没有？

给小偷一个不偷你的理由。

这是什么意思？这是另一门学问叫被害人学。你知道小偷偷你，骗子骗你，坏蛋欺负你都是你给他了一个理由，比如一个女孩子从四川到北京来上学，她在火车站拿了一个很大的包，觉得很累，这时候她希望能有谁帮她拿这个包。这时，一个小帅哥来了，她抬头一看这个人长得太帅了，帅哥一看小姑娘就说，你好，我能不能帮你拿行李？女孩一看，帅哥真的很帅，让他拿还是不拿，这就有很多种答案。有的说，好啊，你是不是也上北京啊，我们俩一起搭伴来北京吧。这个答案不好，这就是给小偷偷你的理由。还有一种答案说，不用了，谢谢。这就是标准答案，好的答案。不给小偷一个偷你的理由。但是还有更好的答案，说不用了，我先生上厕所了，待会儿就回来了。这是最好的答案，叫不怕小偷偷，就怕他惦记。这就是被害人学。

第三讲 强奸案件的防范

一、强奸罪名

世上有只大色狼，
专门欺侮小姑娘。
背心裤衩不许摸，
发现马上告家长。

强奸罪，是指违背妇女意志，使用暴力、胁迫或者其他手段，强行与妇女发生性交的行为，或者故意与不满 14 周岁的幼女发生性关系的行为。

根据《刑法》规定，犯强奸罪的，处三年以上十年以下有期徒刑；情节严重的，处十年以上有期徒刑、无期徒刑或者死刑。对于奸淫幼女的，以强奸罪定罪并从重处罚。究竟哪些行为属于强奸妇女、奸淫幼女情节严重的，法律共列了五项情形，即：

1. 强奸妇女、奸淫幼女情节恶劣的。

2. 强奸妇女、奸淫幼女多人的。

3. 在公共场所当众强奸妇女的。

4. 二人以上轮奸的，这里所说的“轮奸”，是指两个以上的男子在同一犯罪活动中，以暴力、胁迫或者其他手段对同一妇女或幼女进行强奸或者奸淫的行为。

5. 致使被害人重伤、死亡或者造成其他严重后果的，这里所说的“致使被害人重伤、死亡”，是指因强奸妇女、奸淫幼女导致被害人性器官严重损伤，或者造成其他严重伤害，甚至死亡的。强奸妇女、奸淫幼女的，只要具有上述所列五种情节之一的，就属于情节严重的情况，依法应当予以严惩。

二、女儿平安经30条

大量的性侵害案件家长、老师都不知道。那么，怎么保护女孩子一生不被性侵害呢，我总结出这么几条：

（一）远期防范

1. 背心裤衩覆盖的地方不许别人触摸。

2. 女孩从3岁起，就应该进行平安教育。运用平安童话、童谣、母子剧等形式进行女孩安全教育。

3. 心里的小秘密一定要告诉妈妈。

4. 适当上网，避免网恋，尽量不见网友。

5. 向黄色书刊坚决说不。

6. 夏季夜晚，应避免去陌生的地方。

7. 也要警惕师友与“半熟脸”。

8. 男女独处一室，不要超过30分钟。

9. 单身妇女不可在凉台上晾晒女性衣物。

10. 不要在报箱、信箱上留下女子姓名。

11. 如下班回家发现门窗有被撬迹象，切勿进屋，也不要叫喊。此时罪犯可能还在屋里，快到邻居家找人帮忙。

12. 不走人烟稀少的小路、近路或小胡同；不横穿空旷地带；夜行选择照明好的街道。

13. 夜行应面对街道而不是前方，随时回首观察尾随。

14. 夜行不佩戴贵重首饰，不穿暴露过多的单衣，不穿高跟鞋。

15. 夜行不搭乘陌生人汽车，应有人接送。

16. 夜晚乘出租车回家，请司机稍待片刻，让其目送妇女进屋后再离去。

17. 经常夜行的人，应购买防身器具，如尖叫报警器等。

18. 手提包一定要靠近身体，以防被抢；钥匙要与手提包分开。

（二）近期防范

1. 学会拔腿就跑。

2. 学会向警察求救。

3. 斗智斗勇相结合，斗智和逃生相结合。

4. 抱住一棵大树，拼命喊叫，不让坏蛋把你拖走。

5. “发现色狼术”：如感觉有人尾随，走向马路另一侧摆脱，如有必要，在马路两侧反复穿行，摆脱尾随。

6. 如个人感到紧张、危险，马上向人多地方奔跑，如饭馆、电影院。不要往小胡同里跑，也不要往电话亭内跑，因为犯罪分子很容易把妇女堵在里边。

7. 参加妇女防卫术课程，学会“二龙戏珠术”。

（三）事后救助

1. 公安机关，妇联单位、学校应建立专门的性侵害救助中心。

2. 被性侵害之后要去看医生。

3. 被性侵害之后要保存证据，并且马上报警。

4. 遇到女孩被性侵害的案件，学校警察应立即救助。

5. 妈妈如果见到孩子不愿上学或身体有伤，应提高警惕。

女孩要能够掌握这30条，牢记这30条，她就可以很好地保护自己。

三、先劫财后劫色

1. 室外防范技能很重要。我们说出门不要带贵重的首饰和物品，现在有一个犯罪规律叫先劫财后劫色，大家都知道，此类案件往往是从劫财开始，最后到劫色。

一个56岁的女人单独在家，犯罪分子入室抢劫，在抢劫的过程中，一把把她的衣服给撕破了，结果犯罪分子一下兽性大发，强奸了这个56岁的老人。从这一事件中可以看出，劫财劫色紧密相关。因此说，女孩子外出千万不要带什么金银首饰，外出的时间也要和爸爸妈妈说，特别是中小学生，比如说我晚上7点出去，8点回来，如果8点不回来，爸爸妈妈打谁谁的电话去找我，这都是比较好的做法。

2. 室内防范。在室内晚上一定要把窗帘拉下来，有一个词叫偷窥，有一些坏人在晚上专门拿着望远镜通过窗户往屋里边看女孩子。要老看一个女孩子时间长了，他就会有性侵害的动机。不就是拉上窗帘嘛，很简单的一件小事，一伸手就拉上了，但是在防范上却很重要，如果不拉上窗帘却很可能带来严重的后果。

四、几代防身器

我们说以人为本，观念预防，不是不要技法。你看国外的女孩子，许多人都有一个尖叫报警器。到日本去，满街就像咱们这儿卖煮鸡蛋似的，一篓篓、一筐筐的。遇到犯罪分子以后，你要是觉得后面有危险了，把报警器拉开。正常的情况是声音非常大，并且非常难听，吱哇乱叫，能把犯罪分子吓住，能把周围人们的注意力都吸引过来。它有一个很大的好处，你拔了以后，扔在这儿，不要管它，你该怎么行动就尽管怎么行动，这时候犯罪分子又要顾它，又要顾你，两头顾不上。这小小的玩意儿还没有杀伤性，更不会让犯罪分子利用它反过来伤害你。

我们更鼓励女孩子们随身带一件这样的小物件，而不是拥有杀伤性的武器。有的女孩子可能会问我，那我要晚上长期的一个人在家睡觉，枕头底下放一把小刀有没有用？当然有用。因为那个小刀是在你的枕头底下，犯罪分子永远不知道。在最后万不得已的时候给他一下，说不定就保全了性命，而犯罪分子一般也很难发现它。

五、学会留下小标记

如果你不幸已经处于被犯罪分子加害的过程中，你应该怎么做呢？这个时候也要学习一些应对的方法。

这儿有几个留下个人标记的故事，大家可以了解一下。

故事一：有一个农村的女孩子，犯罪分子对她实施性侵害，没有办法抗拒，她就抓了一把稻草放在犯罪分子的兜里，犯罪分子逃跑，后面女孩子就追。随后巡警把犯罪分子给截住了，女孩说：他刚才做了坏事。犯罪分子就说，你有什么证据证明我做了坏事。女孩子说，我刚才抓了一把稻草，装在他的兜里。大家一看真的有一把稻草，而且就是那个草垛里的稻草。犯罪分子当时把脑袋就低下来，哑口无言了，铁证如山，还怎么抵赖?

故事二：香港警察给香港市民提供一个紧急情况下的自救方法。电梯里经常有色狼，一下把你脖子卡住，你没办法呼救，也挣脱不了，怎么办? 这个时候你就赶快把手提包扔出去，如果你把手提包扔出去，很可能就让你捡条命，为什么呢? 你没刺激他。

有的人说那你去踩犯罪分子的脚，你这么一踩，他一下激情杀人，你那高跟皮鞋踩他的脚他也挺疼的，他卡着你脖子把你卡死怎么办? 所以最好的办法是把手里的手提包扔出去，这样你就有救了，因为后面有等电梯的人，他一看到电梯外边有个包，十有八九都能猜到电梯里出事了，马上就会想办法来救你。所以说斗智斗勇相结合，千万不能一味地斗勇。

六、二龙戏珠

遇到犯罪分子斗智斗勇相结合都有些什么招数呢? 我们把它总结一下：

第一招是“二龙戏珠术”。上面两个手指去戳犯罪分子的两只眼睛，在你戳眼睛的同时，你把膝盖猛抬起来，去顶犯罪分子的裆部，双管齐下，同时进行，上面戳眼睛，下面膝盖狠顶他，这就叫二龙戏珠。过去在我们山东农村，一般女孩子都知道这一招，一般由妈妈教授。女孩防身自救第一式，一招制敌必杀技（这招式只是针对犯罪分子侵害的，男孩切不可用此打架）。

第二招是石灰面和辣椒粉。这是什么招呢？就是说你是个单身女孩子，一个人住集体宿舍，而且是到了春节前后宿舍楼里人很少的情况下，你可以准备这两样东西，每天随身携带。人的眼睛是最脆弱的，到时候你先把辣椒粉冲着他两眼一洒，然后再二龙戏珠，应该可以做到万无一失，因为你这是出其不意，攻其不备，他哪想到你还有这些东西。

第三招是暗器。过去有的人说，你不要带暗器，出门不能带，但是单身女性在家里，如果说你长期面临一个危险，或者长期一人独居的话，就不妨准备一个，甚至准备几个。因为是在你家里，你还可以设置一两处机关，在危急时刻给坏人以意想不到的打击。

还要学会留下标记，或者说留下线索。就是比如前面讲的，在电梯里，有人突然卡住你的脖子，你要学会把包扔出去。抓痕也是很重要的线索，警察在破案的时候，尤其是侦破性侵害案件的时候，现场遗留物、毛发、精斑、抓痕都是非常有价值的线索。在很多情况下，犯罪分子要对你施暴，你给他留下抓痕，他就难逃一劫。有一个真实的案例，是犯罪分子和一个女孩子接吻，结果接吻的过程中，犯罪分子胆大妄为，他把舌头伸到女孩子的嘴里，结果女孩子一口咬掉他半个舌头，他就只好负痛而逃，但是他那半个舌头得上医院去接啊，他一到医院，马上就被抓个正着。

第四招是记住特征。如果你没有反抗的能力怎么办？没有反抗的能力就要斗智斗勇相结合，要更多地记住罪犯的特征，为日后报案留下宝贵的证据。

第五招是果断逃生。有这样的案例，犯罪分子进入一个宿舍里，宿舍有六个女孩，他能连续抢劫三个，为什么？大家都吓得哆里哆嗦，拿被子蒙着，这时候你没有办法去帮助别的女孩，你可以逃生啊，所以逃生也是我要告诉大家的一个自救技能。

七、被害人救助

有一个典型的案例叫“香香的证据”。

香香是一个女孩子，被人强奸了，强奸了以后，她没有地方去诉说，没想到后来还怀孕了，到第四个月，藏不住了，跟她爸爸说，她被隔壁那个老头儿强奸了。她爸爸到派出所报案，所长说，你有什么证据证明是那个老头儿强奸的？

所长忽然灵机一动，说我知道一个事，现在有 DNA 测试，能够检测出来。于是，他就跟香香爸爸说，你回去好好养着香香，让她生下孩子来做个 DNA。这不是滑稽荒唐嘛，实际上羊水抽出来就可以测 DNA，这说明我国在被害人救助这一块儿还是很薄弱的。

西方有“被虐待儿童之母”，有“强奸救助中心”。

如果女孩子被强奸了，送到救助中心，有 24 小时服务的。进去以后，先有一个纸盒子，给你取证，搞生理救助，旁边还有法律救助和心理救助，我们也应该建立这方面的机构。

那么，被性侵害后怎么办。

第一部分叫生理救助。所谓生理救助，就是要告诉亲人，告诉亲人的同时要去找一个医生，找医生之前不要洗澡，要忍住不要洗澡，因为你要取证，需要取证的方面有什么呢？就是毛发、精斑、体液、抓痕、现场遗留物和现场，要把它保护好。去报案的时候，你要没有这些证据和线索，你说张三对我实施性侵害，光靠嘴说，空口无凭，因为你没有这些证据。这是第一部分叫生理救助。

第二部分叫法律救助。法律救助就是说要有专门的人给你法律帮助，指导你怎么报案。同时要告诉你，关于性侵害的案件，在整个审理过程中，特别是中小学生，是有严格的保密规定的，也就是说你的姓名、你的过去，包括你的真实身份是不允许向外界透露的。

第三部分叫心理救助。心理救助包括家庭的关怀、心理的救助和志愿者的交谈。现在在国外有这种强奸救助中心，或者叫性侵害救助中心。一进中心，第一个屋子是生理救助，有个纸盒子有人会帮你取证，第二个屋子是法律救助，第三个屋子是心理救助。这一套措施，无论从生理还是心理上对女孩子都是一种弥补和救助。性侵害案件是非常严重的一种暴力犯罪，法律对它的惩罚打击的力度是非常大的，任何一个女性，如果遭到性侵害，要坚决挺身而出和犯罪分子做斗争，绝不能手软。

八、拿什么来保护你，我的女孩

最近某城市，连续发生女孩被强奸的案件，这些女孩大都是中学生，而强奸她们的犯罪分子大部分也是青年人。这就需要建立一个打击、防范和教育的综合体系。

首先，要坚持严打不动摇，组织准确的打击，将犯罪分子绳之以法。保护女孩合法权益和正常的生活学习秩序。确保社会、家长、女孩的安全感。

其次，在严打之外，要加强预防犯罪、预防被害的宣传教育工作，我们叫作“六个一”工程。

1. 建立强奸关爱救助中心。有些女孩子，被性侵害之后，没有地方去诉说，也不知道找谁去诉说。同时，个别家长也不懂，反而责备这些被害的女孩，还伸出手打她们耳光。极个别的案例就是女孩子在外面受了性侵犯，到了家里又被父母责骂，最后选择自杀。

在我们国家建立女童被性侵害救助中心是当务之急，救助中心应该由公安机关、教育机关和妇联联合组建，包括女孩被性侵害之前的教育以及被性侵害之后的三大救助。要有生理救助医生给做体检，并保存强奸的证据。同时，要有法律救助，要有相关的律师参加。还要有心理救助，心理医生给被性侵害的女孩子做心理辅导。

2. 公安机关应在110报警电话之外设立一条“性侵害救助服务热线”，让女孩子们有地方去举报，有地方去诉说。如果有的女孩被性侵害之后，不愿意让别人知道自己的姓名，也可以匿名拨打咨询电话。救助热线值班的警官应当是女性，特别是上了年纪的女性。态度要诚恳，更要有爱心，要给予可操作性的具体指导。每个接警的警官，要事先编写咨询应对手册。

3. 当地的政府，应当以政府的名义，或者以教育部门的名义给孩子们，特别是女孩子们，写一封公开信，告诉孩子们：当地政府、人民警察永远站在孩子们的一边，绝不能让这样的犯罪得逞，政府要进行综合治理，将犯罪分子绳之以法，同时给被害女孩具体、细致的帮助。

4. 编写一本《女童安全自救手册》，剖析侵害女童的四只灰狼：强奸、猥亵、自杀、校园暴力。利用童谣、童话、童操等中小学生容易接受的方式，进行广泛、全面的预防犯罪侵害教育。《女童安全自救手册》应该是政府出资，让孩子们人手一册。

5. 有计划地筹办建立儿童安全教育基地。组织孩子们去参观学习防范的意识和技能；组织平安操大赛。现在吉林省辽源市就建立过这种大型的儿童安全教育基地，台州市公安局也建立了这样的教育基地，深受中小学生和家长的欢迎。同时，组织各学校参观，受到一天的教育之后，赠送平安小礼物盒，颁发“做一天小警察的荣誉证书”。

6. 印刷儿童安全教育报，张贴到中小学的教室里，每个教室都要有一份，正面阅读完以后再翻过来张贴阅读，像广东省梅州市人民警察就尝试的出版过《少年警务报》，收到了非常好的效果。

让警察、家庭、社会通力合作，更新观念，将单纯严厉打击犯罪分子，转变为以事前预防和事后关爱为主的保护被侵害者理念，从生理、心理、法律三方面入手，全方位构筑预防犯罪的铜墙铁壁。

第四讲　猥亵与性骚扰的防范

如果说，强奸犯是恶魔的话，那么，强制猥亵的就是色狼，而性骚扰那帮家伙，充其量不过是一群癞皮狗。

强奸要有性关系，
严重犯罪狠打击。
强制猥亵是犯罪，
骚扰拘留赔名誉。

强奸罪、猥亵罪和骚扰违法行为，三者是有区别的：

强奸罪是违背妇女意志，强行与其发生性关系，是严重的刑事犯罪；猥亵罪是强制猥亵或者是侮辱男性、女性，其情节严重的也是犯罪；而骚扰就是一种违法行为，公民有权要求停止侵害，恢复名誉，并且给予赔偿。性骚扰要治安处罚，而猥亵要用刑法严厉打击。

性骚扰和猥亵这两词一般人听的都不多，而且总觉得什么是骚扰，什么是猥亵，谁也说不太清楚。但是现实生活中，确实你能亲身感受到。比如，在公交车上，女孩子在前面站着，有人会在女孩子面前来回拉他的裤带或在女孩子后面来回地蹭。

还有握有实权的上司领导，他会把女下属叫到办公室里来，和女下属谈工作时手不安分，并且暗示对方要是服从，就会有什么好处，倘若不服从就会有什么样的后果。

一、什么是性骚扰

性骚扰（Sexual harassment），俗称耍流氓，是指以性欲为出发点的骚扰，以带性暗示的言语动作，针对被骚扰对象，通常是加害者肢体碰触受害者性别特征部位，妨碍受害者行为自由并引发受害者抗拒反应。性骚扰表现形式尚无统一界定，在很多国家性骚扰是一种不法的行为。

性骚扰表现形式主要有以下几种：

1. 口头方式：如以下流语言挑逗对方，向其讲述个人的性经历、黄色笑话或色情文艺内容；

2. 行动方式：故意触摸、碰撞、亲吻对方脸部、乳房、腿部、臀部、阴部等性敏感部位；

3. 设置环境方式：在工作场所周围布置淫秽图片、广告等，使对方感到难堪。

我国对“性骚扰”行为的法律适用散见于法律法规。如《宪法》第38条规定，中华人民共和国公民的人格尊严不受侵犯。禁止用任何方法对公民进行侮辱、诽谤和诬告陷害。《民法总则》第109条规定，自然人的人身自由、人格尊严受法律保护。第110条规定，自然人享有名誉权。

二、什么是猥亵

所谓猥亵，是指行为人以刺激、兴奋、满足自己的性欲或挑起他人性欲为目的，实施的除奸淫行为以外的一切尚不够刑事处罚的伤风败俗的行为。猥亵罪是指以暴力、威胁或者其他手段，违背男性、女性或者儿童的意志，强制猥亵或侮辱男性、女性或者儿童，并且情节严重构成犯罪。

以暴力、胁迫或者其他方法强制猥亵他人或者侮辱妇女的，处5年以下有期徒刑或者拘役。

有以下情形之一的，处5年以上有期徒刑：

1. 猥亵他人情节恶劣的。

2. 聚众或者在公众场合猥亵他人的。

猥亵儿童的，依照前两款的规定从重处罚。

三、公车性骚扰

上下班挤公共汽车，挤着挤着，车上就突然听着“啪”一声，怎么回事？一个男的在那儿性骚扰，在那儿搞那个蹭的动作，不成想女孩的男朋友在边上呢，一看，这还了得，“啪”一大嘴巴，头发也给他揪掉一撮儿。

性骚扰的开始一般都是这样的，他先试探你一下，蹭你两下，顶你两下，女孩子可能怕羞，不反抗，他就愈演愈烈，下车的时候从你旁边挤，上车的时候从你旁边挤。在公共汽车上非常多见。

那么怎么区别公车上的性骚扰和正常的碰撞呢？公车上碰碰撞撞大多时候都是难免的，什么是正常的碰撞，什么是性骚扰，这里面也是有界限的。

公车上的性骚扰有这么三类，第一类叫偷鸡摸狗型，占70%～80%。这些男性，你回头一看，一副有头有脸的样子，西服革履、文质彬彬，他们并不是真的想去性骚扰，他只是在车上由于这种情景和机遇，一旦让他碰上了，他就占个便宜、吃个豆腐。他并不是真的想去干什么坏事，只是顺手牵羊捞一把，搂草打兔子。对于这种人怎么办？我给女孩子的建议就是，上去就是一大嘴巴，马上就骂一句臭流氓，只要这一大嘴巴，一句臭流氓，一声呵斥，百分之百这些人都老实了，为什么？他们都是有头有脸的人，还在社会上承担一定责任，也是有文化有教养的人，这些人他们是有自知之明的。对付他们的办法就是鼓足勇气，大声呵斥，当然最后还是不要打那一大嘴巴。

第二类就是浑水摸鱼型。搞浑水摸鱼的是什么人呢？约占20%，这是一帮子小青年，他们挤车的时候，碰碰女同志可能就有点有意为之了。上车的时候，比如前面是女孩子，他在后面推，他不推人家那个后背，他推人家屁股，推一下占一下便宜，或者拧一把。他们多出于冲动或者占便宜的心理，故意去碰女性的敏感部位。对于这些人，也应毫不留情，该斥责的时候就斥责，甚至说给一大嘴巴也没什么了不起，要让他知道他所犯错误的严重性。

第三类就是大胆妄为型。这一类型连10%都不到，但非常危险。这些人就是一些天生的犯罪分子，他不在汽车上搞点什么流氓事儿，他在汽车下也要搞流氓，也要去犯性犯罪。这些人，你一看，长得就是那个混混样儿，文化层次低、心理变态、心理畸形，对于这种人，我们不能够采取过激的方式，而要巧妙应对。一是走到售票员那边去，如果遇到这种事，向售票员向司机寻求帮助。再有就是上车的时候，一看他面目狰狞的样子，你就趁早离他远点，你找个女同志多的地方，往那个地方去挤。和他们这些人斗争，要斗智斗勇相结合，以斗智为主。真的和他正面冲突，要首先保证不要带来杀身之祸。

四、四喊三慎喊

四　喊

男友在旁高声喊，
二三女友高声喊，
白天高峰高声喊，
旁有军警高声喊。
路见不平一声吼，
该出手时就出手。

首先要喊，叫路见不平一声吼，该出手时就出手。对于那种浑水摸鱼型的，对于那种想要占点小便宜的，要坚决斥责，坚决地给他一大嘴巴。四喊是什么呢？男朋友在的时候要喊，小两口在一起，那小子想占点便宜，没门。我男朋友又高又大，我坚决要喊，要让我男朋友知道，男友在的时候要喊，这是第一喊。

第二喊，女友在的时候要喊，比如说三四个小女孩一块儿上街，一块儿挤公车，旁边有几个小伙伴，这个时候大家一条心，你再大的色狼我们也不怕，这个时候要喊。

第三喊，白天的时候，高峰的时候要喊，白天的时候人多，人间都有正气在，在这个时候你一定要喊。

第四喊，旁边有军警的时候要喊，旁边如果有解放军、有警察，你大声地喊，一点问题都没有，他们一定会帮你制服坏蛋。

这就叫四喊。

三慎喊

天黑人少慎高喊，

孤独无助慎高喊，

直觉危险慎高喊，

斗智斗勇智为先。

还有三慎喊，或者叫三不喊，什么意思呢？“天黑人少慎高喊”。车上没几个人，天又黑，你一喊容易引起犯罪分子激情杀人，激情伤人。“直觉危险慎高喊”。女孩子都有直觉，从小女孩子就要培养这种直觉，如果说你一上车，看见有三四个彪形大汉，醉醺醺的，这个时候他要上来占你点便宜，你要一高喊，那对你非常不利。所以喊和不喊有一个判断标准，就是以不伤害女孩子的身体为根本的标准。

五、手包防护操

双手支架，

手抱防护。

以肘代挤，

胸针在手。

1．手抱护身操。除了喊以外，还有一个叫作女士手包防护操，女孩子上了车以后，要充分利用这个包来防护自己。

一个就是前胸、小腹，这是最敏感的部位，第二就是后背、屁股，这是次敏感的部位，而身体侧面是不敏感的部位。所以你上车挤的时候，不要把你的敏感部位对住你旁边的乘客，而应该用你的不敏感的部位，像螃蟹那样侧着挤，这样是没事的。

2. 可防御空间。女孩子上车后，如果觉得身旁可能会有性骚扰危险的话，你把胳膊抬起来，两臂互抱置于胸前，这样就能够建立一个非常小的可防御空间。如果女孩子拿着包的话，你就可以把包挡在胸前，能够起到很好的防护作用，这是第一。如果前面有人挤你的话，你用包挡一下，因为女孩子的包一般都不小，足够防护。前面再挤，它是隔着包的，如果说后面有人推推搡搡，那么我们反过来后面这么挡一下，这也是很好的一个防护，前胸、后背、屁股都可以这样防护。

再有一个就是以肘带挤，你要是真正挤的话把双臂抬起来，这样你并不伤害任何人，只是自我保护。用这个肘子，稍微挡一下，这样也是一个很好的防护。

3. 手持别针。还有人出过这样一个点子，就是女孩子都有胸针，如果看情况不妙就拿个胸针，真看哪个色狼胆敢轻举妄动，你给他一下。

六、办公室性骚扰

办公室性骚扰的种类：

语言：你好漂亮，想你想断肠。

眼神：色迷迷地凝视特殊部位。

动作：碰头发、臀部、胸部。

短信：发黄段子。

办公室的性骚扰有很多种，很难划一条界线，难以区分什么是性骚扰，什么是开玩笑。

第一种是言语骚扰。在办公室里，会有老总说，“哎呀你真漂亮啊”，这句还没什么事，下面还有一句，“哎呀，想你想断肠”，这就有问题了。如果有人老是真真假假半开玩笑地说这类话，那就是言语上对女性的不尊重。第二种是眼神骚扰。有人拿眼神色迷迷地盯着你，或者长时间地盯住女性身体的特殊部位，也是属于性骚扰的范畴。第三种是动作骚扰。一般来说，他先是试探。女孩子的头发男人是不能摸的，有的上司去摸摸女孩子的头发，好像跟父亲摸摸女儿似的，这个里面就有事了。然后再往下发展会去摸人身体的一些特殊部位。第四种性骚扰的最新形式就是短信骚扰。大家都在一个办公室，给你发一黄段子，看看你的反应，你要没反应待会儿又发一个，这个时候你要有一点错误的反应，他就会进一步升级。

如果你不对性骚扰说不的话，他就会得寸进尺地往下发展。比如说老板领着一个女下属出差，或者住旅店，或者在一个封闭的空间，或者是气氛很浪漫又是封闭的地方，这种时候都非常容易出事。打工的女孩子、做文字工作的女孩子，你们一定要自尊、自重、自强，和老板出去的时候，注意时间和空间，在这些情况下要特别警惕。

我们教女孩子一句话叫“男女独处一室不要超过30分钟”。为什么呢？如果说男女独处一室，比如说出差，你和他在一个屋子里待超过了30分钟，又是一个封闭的，音乐又挺好，又挺浪漫，这就比较容易出事，所以我们说不要超过30分钟，这是第一点。我还要给大家一个“警惕性公式”，警惕性和信任程度与熟悉程度成反比，也就是说，你对你熟悉的人、你熟悉的环境，警惕性就会降低。大家知道，性骚扰也好，猥亵也好，它还容易诱发进一步的犯罪升级，比如说性侵害，如果你没对他说不的话，很可能会发展成性侵害。

日本人做过这样的调查，性侵害案件60%发生在熟人之间，也就是说我们对办公室的性侵害、性骚扰要坚决地说不。我要再一次强调，对熟人反而更要提高警惕，那些特殊的温馨的封闭的环境，是性侵害和性骚扰高发的时间与空间。

那么对待办公室的性骚扰的对策是什么呢？我们说有六招。

第一招，不回短信。他要是给你发黄段子，坚决不要回。有的女孩说：这老板给我发了五个黄段子，我也不能不给人家回一个，回了一句：你近来身体好吗？这完了，他都发了五个，就等着你回这一句呢。那么应对的招是什么？你就坚决不理，你就让他知道你心里不高兴。

第二招，正气叫停。有的女孩子头发很长，老板上去摸一摸，女孩子马上就说："哎，你不要摸，我不高兴。"正气叫停，打住啊，就到这儿。

第三招，目不斜视。有的人色迷迷地看女孩子，你不要给他接眼神，他色迷迷的，你跟他一接眼神，他就有有机可乘。

第四招，报告领导。这样做是最管用的，这些人最怕领导，最怕老板，你真的跟领导一汇报，这个事也就完了。

第五招，向上级纪检部门举报。办公室性骚扰与领导的以权谋私有着直接和间接的关系，在现在反腐高压态势下，向上级纪检部门报告，是打击这一类犯罪和丑恶现象的最有效的手段。"耗子怕猫"，这不是谣传！

第六招，报警。办公室性骚扰可不可以电话报警？完全可以，而且如果报警成功，警察出现场，就把事态扩大，使得领导的丑恶嘴脸暴露于整个单位和群众的眼前，使他身败名裂。相反，如果忍气吞声的话，反而使得这些色狼胆子越来越大，手段越来越下流。

七、学校邻里

学校里也有性骚扰，邻里也有，西方有一个词叫 children abuse，对一些女孩子的性侵害非常多，在国外非常多，我们国家不多，为什么不多呢？

第一是大量的这种事情发生之后，我们不知道。也就是说小女孩、小男孩遇到这种性骚扰、这种猥亵，他们不知道这是坏事。

第二是知道了也不说，所以大量的这类事情都成了隐案，就是没有人知道，警察不知道，父母不知道，老师也不知道，所以说一定要提高警惕。

极个别老师在课堂上非常不检点，孩子回家以后，就跟爷爷奶奶说，说我们老师上课怎么怎么样，爷爷奶奶说，别胡说，你们老师怎么能那样，爷爷奶奶爸爸妈妈都不相信。四川还发生过这样一件事，两个教师，利用职务之便，猥亵了 43 个女生，这两个老师非常可恶，但是两人所在的学校为了息事宁人，和被害的 43 名女生还签了一个保密协议，说是照顾老师的脸面。

邻里之间，在小区内部，有的时候也会有性骚扰。比如，小恩小惠。有的叔叔哥哥给你点小恩小惠，然后对孩子搂搂抱抱，还有这种泼皮无赖，有的女孩子上楼的时候，旁边吹个口号。上楼了以后，看楼道是黑的，坏孩子在前面挡她一下，推她一下，这都是一个不好的现象。有这么几招，对付小恩小惠要告诉父母，对于搂搂抱抱要大声地斥责，对于那些个泼皮无赖，要赶快地去报警。这些泼皮无赖的行为就不是一般的问题了，你就要跟警察叔叔去说了。有一个女孩子，她小时候去看电影，邻家的一个大哥哥经常抱着她看电影，那个时候她也不懂，等到现在大了，她就想起来了，说邻居大哥哥老是抱着她看电影，在看的过程中，就有这些搂抱、偷摸等猥亵的行为，只是现在大了，工作了才知道，而当时就不知道。

这些事情要早一点告诉孩子们，这些都是严重的犯罪，是要受到法律惩罚的。另外，让所有的女孩子及早都有自护的意识。

八、教师犯罪——披着羊皮的狼

有极少数教师会作为犯罪的主体，他们有以下特点：

1. 隐蔽性。教师长期与学生近距离接触，社会角色神圣，因此不易引起社会、家长的警觉。学生出于对教师的敬仰，在遭受侵害后也很少报案。

2. 长期性。少数教师对中小学生的犯罪侵害呈长期性。例如强奸、猥亵可长达几年无人知晓。又如肉体虐待与精神虐待甚至可横穿整个教育过程。

3. 中和性。“中和”是西方犯罪学中的特有概念，指将犯罪行为美化为常规行为的技术。教师可以将虐待美化为“从严管教”；将猥亵美化为“生理检查”。披着“合法”、“关心”的外衣，实施犯罪活动。

4．恶劣性。教师实施对学生的侵害，会造成学生身体与心理的极大伤害。使学生失去生活的信心，长期处于恐惧的境地。这些恶性案件披露之后，会造成严重的后果，家长不放心，学生不敢上学。例如，安徽省淮南市教师逼迫学生用刀片划脸皮一案，使得6名学生长期不敢上学，造成极为恶劣的社会影响。

5．广泛性。教师对学生实施的侵害，范围较广，包括强奸、猥亵、伤害、虐待、非法搜查、侮辱等罪行。

因此，一定要跟孩子们讲明白，对于这种事情要坚决地说不，如果说低年级的，比如说一、二年级的女孩子，这些小女生不会说不怎么办呢？要把这样的事情告诉父母，告诉爷爷奶奶；另外，父母和爷爷奶奶一定要相信孩子们所说的话，现在的问题是，有的家长根本就不相信孩子说的话。这里有一首小歌谣，送给小朋友：

小小秘密藏心里，
谁也不会告诉你。
坏人要是欺负你，
告诉妈妈要牢记。

每个女孩子心里都有一点小秘密，一般是不跟别人说的，但是不跟别人说，一定要跟妈妈说，放学回家以后，一定要跟妈妈说。

第五讲 自杀的防范与救助

女孩能绣万朵花

小草秋黄春又发，
牡丹出在贫寒家。
生理缺陷不为丑，
考试失败战胜它。

一、自杀的现状

2016年10月12日，某县的一条河里发现一具女尸。该女子于10月7日凌晨被多名男子带到山岭，之后遭到强奸。不幸的是，女子回家后，因情绪失控于10月9日投河自尽。随后，3名嫌疑男子被抓获。

女性自杀比例。据有关自杀者及自杀未遂者的调查显示：我国女性自杀者人数高于男性。而且自杀已成为青少年的头号死因，原因主要在于他们要面对学业压力、社会压力、家庭压力，然而他们在学校和家庭都缺乏必要的挫折教育与心理素质教育，这就造成了他们在面对压力时缺乏相应的应对能力。

1. 统计数字。每人都有烦恼，每人都有不如意，许多人都想过自杀。

我国每年有二十多万人死于自杀，有几百万人自杀未遂。平均每两分钟就有1人死于自杀，8人自杀未遂。

据北京市心理危机研究与干预中心介绍，自杀已经成为我国死亡原因中排序第五位的原因。在15岁至34岁年龄段的青壮年中，自杀是首位的死因。

根据专家对中国自杀者进行心理解剖分析，我们发现中国自杀者有以下特点：

（1）农村自杀率明显高于城市；

（2）女性多于男性；

（3）五成八的自杀者为服用农药或鼠药；

（4）七成五的死者家中存放有上述毒药；

（5）六成二的自杀者曾寻求医疗帮助；

（6）两成七的自杀死亡者曾有自杀未遂史；

（7）其亲朋好友中四成七曾出现过自杀行为；

（8）六成三的自杀死亡者曾患有各种精神疾病，但接受过精神科医生诊治的不到一成。

2. 自杀秀。进行自杀秀的人不是为了自杀，他是为了上塔顶上、广告牌顶上，要挟别人，说我要自杀了，要达到什么什么目的，这叫自杀秀。大家知道时装秀，那叫fashion show，这个show是“秀”的意思，这里所说的自杀秀，它就是要通过自杀表现自己。对于自杀秀，我国《治安管理处罚法》里面都有明文规定，对于自杀秀这个问题，我们要处理他，因为他违反了、妨碍了社会公共秩序。

3. 围观者的冷漠。一个人爬到广告牌上，不知道是自杀秀还是真自杀，好多人早晨起来，十点多钟都去买菜，老太太们都在那儿看，议论这个人怎么要自杀了，这里边还有要等着买菜的，就说：“怎么还不跳，赶紧跳，跳完我好买菜去。”这属于心理不健康。当然这种人非常个别，一万个人里也没有几个。旁边一个小贩一看，这有商机，因为好多老太太看不清楚，赶紧拿着望远镜去那儿卖，说大妈您看不清楚不是，我卖您一个望远镜。旁边一个小贩说大妈您甭买菜了，我把菜就给您运到这儿来，您就在这底下看着这个买菜多方便。不一会儿，这里成了菜市场。这是一种社会丑恶现象，虽然在我们社会这个情况非常少非常少，但还是让我们觉得痛心，也可能整个国家就这么一起，但就这么一起它的社会影响也会非常恶劣。对这种行为，我们说这些人没有良心、没有道德，应该狠狠地批评。

二、自杀的特点

1. 生理缺陷。有的女孩可能有生理缺陷，特别是一些先天性的疾病，比如说个子长得矮，长得不太漂亮，生下来就有的缺陷，都可能诱发轻生。有个女孩，跳舞跳得非常好，是去考艺术院校，就是因为个子矮一点，不符合招生规定。结果，跳楼自杀了。

2. 疾病。后天的疾病，特别是一些严重的疾病，比如说癌症、白血病、艾滋病等，一时想不开，又没有家长的帮助、医生的咨询、心理老师的辅导，就会突然产生轻生的念头。

3. 失恋。失恋是诱发女性自杀的首位原因，特别是女孩子，由于经受不了失恋的打击选择轻生。

4. 婚恋纠纷。这是大一点儿的孩子，已经有了家，结了婚，可是爱人有了第三者，或者自己对别的男性产生了好感。在这样的婚姻中，产生了矛盾而诱发纠纷。过去有一句老话，叫："穷生盗，奸生杀。"婚恋纠纷不仅是自杀的第一位原因，也是凶杀案的第一原因。

5. 父母干涉。自己的父母或者是恋爱对象的父母不同意恋爱，或者是婚姻，或者是被父母指责早恋等，女孩子受不了，可能突然产生轻生的念头。有一个小女孩，认识了小男孩，两个人的感情好了起来，小女孩觉得非常幸福，回到家里，爸爸妈妈都在院子里头吃饭，天快黑了，小女孩跟爸爸说：爸爸，我想带个男孩子到咱家来玩儿。爸爸马上训斥她，说她早恋，坏孩子。结果女孩上楼，紧接着跳了下来，摔死在爸爸妈妈的面前。

6. 被性侵害之后大人不理解。家长不理解，还出言不逊，甚至还打骂自己的孩子。女孩子想不通。2016 年，广西曾经发生过一个案子，女孩被三个男孩轮奸，回到家里，爸爸还打她的耳光，说她不检点，结果导致女孩跳河自杀。

7. 校园暴力。比如说，被打骂、侮辱，被同学歧视，被老师误解，被父母不理解等，都可以产生轻生的念头。

8. 考试成绩不理想。考试成绩不理想，又担心父母责骂，而产生轻生的念头。比如新疆石河子某中学，四名花季少女，在开完家长会的当天下午，相约吃老鼠药自杀，其中两名因抢救无效死亡，还有一名女孩至今仍然躺在医院的急救室里。

9. 贫穷原因。有的女孩因为家庭贫寒而产生自卑，在和别人比吃比穿中，产生了极大的自卑而自杀。

10. 封建迷信。有一起小区坠楼事件，一名 13 岁的少女跳楼自杀，原因是因奶奶迷信，将她送与别人圆房为奶奶治病，而女孩对此极度地抑郁产生了轻生的念头，生前留下了四封遗书和两段录音遗言。

11. 抑郁症。由抑郁症、焦虑症、疑病症等心理疾患产生自杀行为。

例如，有的人只有轻微的症状，只是身体无力、脸色苍白、发烧等，对照医书，怀疑可能自己患艾滋病或者是癌症，于是选择自杀。

案例：现在很多人都是独生子女，独生子女有一个很大的问题：心理脆弱。有一个老师58岁了，马上就要退休了，他班上一个小姑娘上课迟到了五分钟，这个小姑娘就赶快往教室里跑。跑到教室门口被老师截住了。老师说，对不起，你迟到了五分钟，不能进教室。然后，老师就开始骂这个学生，骂得非常难听，其中有一句话就说，“你看你长得那个德行，连个坐台小姐都不够格。”老师骂了一个多小时，也不让女孩子上课了。女孩子回去写了一封信说：“老师，我再也不给你添麻烦了。”然后，就上吊死了。这个老师不仅要受到良心的、道德的谴责，还要负刑事责任。但是这一个花季的女孩子，就这样走了。所以我们一旦遇到这些事情，第一是预防、第二是救助。

三、自杀的救助

怎么对待自杀？一定要全力去救助，诚心诚意地去救助。有这么一个总则：

亲人让我帮助你，
放下死念是第一，
人人都有大逆境，
明天生活更美丽。

1．救助自杀的原则

救助自杀的总原则——我是你的亲人。“亲人让我帮助你”，“放下死念是第一”。最重要的一条你得先把死这个念头放下。自杀谈判和别的谈判不一样，它很简单，你往后退一步就活了，或者说你把刀子一放就活了，所以谈判很容易，叫放下死念是第一，就这么一句话。

“人人都有大逆境”。我们每个人一生都会遇到沟沟坎坎，你要想不通自杀，那非常可笑，等到事后你都会觉得自己可笑。“明天生活更美丽”。给他指出一条明天更美丽的道路。

2．发现自杀

自杀前的征兆打分标准。

（1）对自己关系亲近的人，表达想死的念头，或在日记、绘画、信函中流露出来。

（2）情绪明显不同于往常，焦躁不安、常常哭泣、行为怪异粗鲁。

（3）陷入抑郁状态，食欲不良、沉默少语、失眠。

（4）回避与他人接触，不愿见人。

（5）性格行为突然改变，像变了一个人似的。

（6）无缘无故收拾东西，向人道谢、告别、归还所借物品、赠送纪念品。

3. 识别自杀的小窍门

> 遇到大事受冲击，
> 异常道别似木鸡，
> 频繁洗澡收行李，
> 欲言又止还东西。

看到这么几个现象要提高警惕：

“遇到大事受冲击”。如果说人生出现了大事，比如说离异、婚恋纠纷、提干部受阻，遇到这些大事，人受到冲击，要重点去预防。

“异常道别似木鸡”。大家知道，正常人的眼睛是滴溜乱转的，如果你看到一个人眼睛跟木鸡似的，它不动，凝固了，就得注意。

“频繁洗澡收行李”。特别是女同志，要走了，洗得干干净净，又收拾行李，说这个你留着吧，我不用了，这都要小心。

“欲言又止还东西”。又要说什么，但又不说，要把东西还给你，过去我欠你什么东西等，遇到这个时候，大家要提高警惕，要是真有什么大事，向领导去汇报一下。

4. 救助自杀预案

第一，尊重生命，不区分真自杀和假自杀。

第二，采取一切措施保护其安全，下面拉上气垫、云梯，“110”来了以后，赶快救助，通知消防、武警、医院都要赶快来救助，建立三级清扫区。第 级是 80 米，在 80 米这儿画个圈，冉有一级 150 米画个圈，第三级 1000 米画个圈，闲杂人等不得入内。

第三，谈判。自杀的人，心理或多或少都有一点缺陷，看事情往往爱钻牛角尖，这个时候，你要抓紧时间，给他谈一点儿哲学的道理，光说你别死别死，这没有用，你给他谈点哲学道理，你往深里谈，一谈他就醒过来了。再有一个就是，如果是这次自杀，我把他救助了，不是这事完了，再防止他二次自杀。也就是说，自杀未遂，我们还要去观察他，进行心理的安抚，防止再度自杀。

如果说我们有条件去救助别人，比如说救一个女孩子，怎么去救助她，有几个参考：自杀谈判的人要学会利用身体语言，眼睛一定要凝视她，手要握紧安抚，距离要近，语言要坚定、高兴、自信，穿的衣服要干净整洁，谈判的人要美丽、和蔼、可亲。

四、救助自杀的谈判

1. 自杀谈判的人身体语言

（1）眼神：凝视。

（2）手势：握紧、抚慰。

（3）距离：贴近。

（4）言语：坚定、高兴、自信。

（5）衣着：干净、整洁。

（6）态度：美丽、和蔼、可亲。

2. 谈判设计

（1）要根据当事人的实际情况预先设计出与其交谈所应采用的心态和口吻。

（2）先让自杀者下来，或放下刀。

（3）谈判中尽量拉近与当事人的关系，建立信任。可以详细介绍自己的身份、单位、姓名、头衔等。

（4）谈判的话题首先围绕安抚当事人的情绪进行。

（5）适时找出当事人产生自杀、自残念头的诱因，据此迅速调整谈判策略。

（6）如果可能，尽量答应当事人一切条件。

（7）可向其暗示，现场已得到控制，自杀、自残行为无法得逞。

（8）说一些古代哲学或佛教哲理。

（9）危机过后，要尽可能继续对当事人进行一定的心理安慰，防止其再度自暴自弃。

3. 谈判方案

有一个学生就设计了这么几句话，这是比较温情的一种谈话方式："我是你真诚的朋友，让我来帮助你好吗?" 态度诚恳，语气低缓。"给我几分钟，我能和你谈谈话吗，这儿太危险了，你能往后挪一点儿吗?" 或者说 "你手里拿的这个东西太危险了，把它扔掉，可以吗? 看得出来，你是个对自己要求很严格的人，追求完美的人。" 这些话都是一种真诚、一种善良，语言里透着坚定，眼神里透着对他的同情对他的支持，这是一种谈判方式。还有一种人，他可能会适合另一种谈判方式，就是你可以适当地刺激他一下，比如说一个学生设计了一个方案，他说什么呢? "爱情诚可贵，生命价最高，你是男人吗? 真正的男人能够承担一切。" 给他点小刺激。"为了一个薄情的女人，不值。" 这么正面刺激他一下，"情海无边，回头是岸。" 这个方案也不错，你得看是哪种人。要是个愣小子，你还不如刺激他一下，你刺激他一下，也许他可能就会好一点儿，这种人就是脑子一时发昏。

请记住援助殉情自杀者常用的八句话：

（1）“我是你真诚的朋友，让我来帮助你，好吗？”（态度诚恳，语气低缓）

（2）“给我几分钟，我能和你说说话吗？”

（3）“这儿太危险，你能往后挪点吗？”或者说“你手里拿的东西太危险，把它扔掉行吗？”（消除危险）

（4）“能看得出，你是一个对自己要求很严的人，追求完美，重情重义，很高兴和你说话。”（心理减压，诱惑，攻弱）

（5）“人生都有不如意，祸福、悲欢离合在所难免，勇敢者总要承担得起各种压力，经历风雨，狭路相逢勇者胜。”

（6）“过去的已成为历史，只能留在记忆中去回味它，生活还得继续，得往前看。万事随缘，不可强求，只有适合自己的才是最好的。”

（7）“这个世界上还有其他值得你去珍惜留恋的，你的亲人、好朋友都在看着你，你不应该令他们心痛、失望。”

（8）“死都不怕，你还怕活着吗？”

劝那些被女人所弃而痛不欲生遂欲跳楼的轻生者的七句话。

（1）“爱情诚可贵，生命价最高。”

（2）“旧的不去，新的不来，更好的尚在后面。”

（3）“别走开，后面的更精彩！”

（4）“英雄能面对一切，承受一切！”

（5）“往下一跳，奈父母亲情何？”

(6)“死且不惧，缘何惧生?”

(7)“情海无边，回头是岸!”

五、面对压力的选择模式

1. 面对压力有三种选择

(1) 抑郁——无法自拔——自杀

(2) 镇静——自我解脱——寻求帮助——立志

(3) 暴发——冲突——违法

每个人都会遇到大的逆境，但是遇到这种逆境，会有不同的选择。面对压力，有不同的选择。

第一种选择：自杀，抑郁，无法自拔，自杀，太抑郁了，活不下去了。

第二种选择：镇静，自我解脱，寻求帮助，或者立一个大志向，向某位坚强的人士（如海伦·凯勒）学习。

第三种选择：犯罪。控制不了自己，然后走上违法犯罪的道路。同样面临压力，会有不同种的选择。我们鼓励只有一条正确的路，要去自我解脱。

2. 当一道幸福之门关上

“当一道幸福之门关上了，另一道门会随之打开。但是，我们常常眷恋着那道关上了的门，而看不见另一道门已经打开了。”

这是海伦·凯勒（1880—1968，美国聋哑女作家、教育家、社会活动家）的经典名言。

人人心里都有烦恼，人人都有逆境。

案例：北京师范大学教育系，有个特教专业，主要针对聋哑儿童、盲人、还有残疾人的教育。有一个大英雄，叫海伦·

凯勒。你可能知道海伦·凯勒，又聋又哑又盲，她的所有的感官都没有，可是这个孩子，在别人的帮助下，居然完成了大学的教育，写了非常美丽的散文，叫 Three days to see，《假如我能看见三天》。在这个优美散文中，她把对生活、大自然的美好感受，画成一幅美丽的图画。可是你想，这么一个女孩，她从来没有见过，从来没有看过，从来没有听过，你说这会是一种什么情况。海伦·凯勒有一句名言："当一道幸福之门关上了，另一道门会随之打开，我们常常眷恋着那道关上的门，而看不见那道已经打开的门"。这就是海伦·凯勒，应该说这是我们做人的一个典范。有的朋友说，我现在遇到了疾病，也可能我断了一条腿，也可能我治盲了，也可能我治聋了，就痛不欲生，觉得生活没有希望了，可是想想海伦·凯勒，又聋又哑又盲，可是她为人类作出了巨大的贡献，她为我们每一个健全的人，树立了一个面对生活、面对逆境的光辉典范。

案例：为了一个月的工资去自杀。每个人都会有逆境。有一天晚上，我往家走，看到对面走过来一个女子，这个女子大概 30 岁。她说她被坏人陷害了，原因是她把单位的领导告发了，结果领导就把她打了，还不让她上班。这个领导不仅打了她，还把她的家人也给打了。她说她现在想不开，心灰意冷，从千里迢迢的外地到北京来，就是要找我，干什么呢？因为她是一个弱女子，斗不过那个领导，但是她要终生和他去斗，要是斗不过，那么她只有轻生这一条路了。这怎么办？我让她千万别这么想，我说为了多少钱？她说家人被这个领导打了，差一万块钱的医疗费，她想不开。我劝她，"为一万块钱去自杀，值吗？一万块钱是什么概念？我们好好干，现在北京这些白领，这些小姑娘，这些硕士生，30多岁这些人，一个月的工资。你为了一个月的工资去自杀，你值吗？不值啊。我给你指这么几条路：第一，你把打官司的这个事放下，把这一万块钱放下，不去想它。第二，你去立一个志向，你不是上过本科吗？你去考研究生，考研究生不难，你有报仇的志向，自杀的心都有，你考研究生还考不上吗？第三，好好地生活，好好地热爱你周围的人。”一通话说完了，这个女子把思想包袱放下了，回家了。她回家以后给我打电话，说她现在正在努力地复习考研，能不能考上不要紧、不重要，重要的是她走出了牛角尖。这不就是一个很好的事情吗？

3. 人生第一次失恋应该怎么办

（1）应当找到父亲、母亲或朋友倾诉心声。最好是母亲。大哭一场会有好处，试着哭出来……

（2）应当相信时间会医治心灵的伤害。也许每个成人都有失恋的经历，一般需要三个月或半年才可心理平复。

（3）应当试着丑化恋人，但目的仅限于遗忘。无数实践证明，下一个恋人会比这个优秀和美丽千百倍。

（4）应当马上树立一个替代目标，如考研、出国、写书等等，并决心用三年来完成替代目标。

（5）应当发一个宏愿：二十年后，决心一定比那个人要活得好。失恋会成就男人的霸业，失恋会成就女人的美丽。

（6）绝不失去信心，自杀或抑郁是可笑的（失恋会引起自杀或抑郁）。永不言弃，越挫越勇。

（7）绝不失去理智，绝不谋求报复，如杀伤、造谣、威胁对方（婚恋纠纷是凶杀的首位动机）。实在不行吃安眠药睡觉。

（8）绝不乞求对方，如提供资助或死打乱缠。幻想对方会回心转意只会增加自己的痛苦，只会让对方越加骄傲。男人要有尊严，女生更是如此！

（9）绝不保留对方的照片或信件情书……马上撕碎对方的照片，抛向天空。不保留任何会唤起回忆的东西。

（10）绝不再提及此事，人生有许多无奈，学会忍受不幸，是成熟的起点，男生如此，女生更如此！

六、自我解脱

自杀救助，一个很大成功的因素，是自我解脱。自杀者利用内心的强大，来战胜自己的轻生。而古代的诗词、哲学中都有很多能够帮助人们、化解矛盾、曲径通幽的教育内容。如果女孩子平时多读一点书，多加强一点修养，多经受一点生活磨难，当遇到强大压力的时候，就会想得开。这是战胜轻生意图的最强有力的武器。

1. 古代诗词的意境

（1）婚恋变化

夫妻本是同林鸟，大难来时各自飞。

不该是你的，就不是你的。

过去庙里的老和尚，运用一些哲学思想、一些中国古代传统的处世哲学，来教别人、劝导别人，疏通心理上的压抑。我们说自杀第一位的是婚恋纠纷。婚恋就是我们所说的“问世间情为何物，只叫人生死相许”。为什么婚恋能导致这么多人自杀？因为失恋会使人出现激烈的心理活动。人真正失恋的时候，他睁眼一看，所有女同志全是他暗恋的对象，这叫幻觉；往那儿一坐、一听，耳边总是他女朋友跟他说话的声音，这叫幻听。

案例：西安有一个女孩子，24 岁，服毒自杀。等到公安机关到她家里一看，满墙都是她本人画的对美好生活的憧憬。画的什么呢？画的她自己穿上了洁白的婚纱，和她的爱人挽着手举行婚礼，她画的到处都是这个，为什么呢？她要结婚，要和这个男孩子好，可是这个男孩子的家长都反对，没有办法，解脱不了，最后走上了自杀的道路。

遇到这种情况，我们要帮助调解，该是你的就是你的，不该是你的就不是你的。首先，爱情是真诚的、是美好的。其次，爱情是变化的。也许他今天爱你，他明天就不爱你了，那么你也要面对现实。过去有这么一句话，说两个人一分手，这个男孩子就庆幸，说“幸亏她背叛的是我，而不是祖国”。给自己吃一定心丸，因为最崇高的爱是爱祖国。给自己幽默一把，把这个思想解脱了。这是第一类自杀的原因。

（2）工作中的竞争

一切有为法，如梦幻泡影，如露亦如电，应作如是观。

滚滚长江东逝水，浪花淘尽英雄。是非成败转头空，青山依旧在，几度夕阳红。

蜗牛角上争何事，石火光中寄此身。随富随贫且随喜。不开口笑是痴人。

日月两盏灯，乾坤一台戏。从早唱到晚，诸争都完毕。你与谁人争，哪个是你的？看破早回头，修身救自己。

第二类自杀的原因是工作中的竞争。现在就业也不是很容易的事情，大家都想把工作做好，都有一颗奋发向上的心，有人就会有竞争。在单位，不能够保证一丁点儿邪门歪道都没有，所以我们身在其中，有的时候就会觉得心情不好，可能这个同志提了干部，我没提上，那个同志受了嘉奖，我没受嘉奖，想不开，为这个自杀的，也是有的。那么这个时候，我们说，心眼儿不要太窄。

人生就像露水一样，就像闪电一样，转瞬即逝，生活中的这点小摩擦，算什么呢？对于这些自杀的人，他本身想不开，我们要给他开导一下。

听说有这么一件事，有两个人争得很厉害。旁边一个人说，再过 50 年，你算算你俩还有没有，一算再过 50 年，这俩全没了，他俩一想，不吵了，吵什么啊，50 年以后都没了。

过去有一句话，叫“纵有千年铁门槛，终需一个土馒头”，“谁是谁非我不管，花开花落我关心”。把这些是是非非放下，好好地去工作，好好地去享受生活。两个人为一点儿小事，为一点儿纠纷，吵得不可开交，可是在别人一看，这算什么事啊？咱们国家古代有这么一首诗，“蜗牛角上争何事，石光火中寄此身，随富随贫且随喜，不开口笑是痴人。”你要是不去笑，你就是个大傻瓜。

(3) 生活平淡

郎提密网截江围，妾把长竿守钓矶。满载鲂渔都换酒，轻烟细雨又空归。

有的人是因为生活平淡而自杀，这些人可能是一些心气儿比较高的人。一个女同志看邻居家的先生提了处长，再一看另一家邻居的先生提了局长，而我这先生怎么还没提啊，也大学毕业这么多年。想想心里就难受，难受就给自己的先生增加压力，她先生想不开，最后很有可能导致心理不健康。那么这个女同志如果过多地想这些事情，自己心里最后也想不开，心说这活得有什么劲啊，都是鸡毛蒜皮的事，一天到晚油盐柴米，心里产生忧愁，忧愁再往下发展成抑郁，抑郁再往前发展是什么呢？自杀。所以，我们要想开点，平平安安、平平凡凡就是福分。

（4）工作压力

带月行，披星走，孤馆寒食故乡秋。妻儿胖了咱消瘦。枕上忧，马上愁，死后休。(四块玉·叹世三首——马致远)

有压力，我们把压力减轻，没有压力我们追求到的一种意境。这种意境是什么呢？用英文说 The meaning of life，对生命的真正意义的一种感悟。

（5）烦恼忧愁

戴野花，携村酒，烦恼如何到心头，谁能跃马常食肉？二顷田，一具牛，饱后休。(四块玉·叹世三首——马致远)

(6) 为了儿孙

财也大，产也大，后来子孙祸也大，若问此理是若何，子孙钱多胆也大，天样大事都不怕，不丧身家不肯罢。

现在我们有些人，给孩子设计一个美好的蓝图，上完大学还要出国，出了国再读硕士、博士，整个蓝图都描绘得非常好，但是未必能有好的结果。有的人说我这辈子没念好书，没有出息，一定要让儿子、孙子念好书，有出息。我们说这个心愿是好的，但也不必要想得那么多。过去我们也有这样的话，说财也大，产也大，后来子孙祸也大，子孙有钱胆也大，天大事儿都不怕，不丧家身不肯罢。你真正给了他钱，给他攒这些东西，到了他那儿，他要不知道消受，反而可能给你惹下大祸。

(7) 个人缺陷

最近有这么一件事儿，有个小姑娘长得不错，考试也不错，考到了某大学，分数肯定是够了，小姑娘欢欢喜喜，一查分，心想事成，结果没想到，这个学校有身高的要求，女孩子要一米六。这个女孩子差一点一米六，想不开了，说我这一生美好的梦，就是因为这一米六给我卡住了，怎么办？回家前思后想，没办法，自杀了。这是什么呢？个人的缺陷，个人的缺陷导致自杀的也不是一起两起。

为大英雄能本色，是真才子自风流。
涉世苦被浮名累，立身唯有本色难。
天生我材必有用，千金散尽还复来。

什么叫大英雄，能坚持本色的，那才是大英雄，我个子这么高就是这么高，这是爹妈给的，我不可能再长高，但我不能因为我这个子去自杀，我坚持我的本色，我就是大英雄。

美国有这么一个歌手是个女孩，这个女孩有一个缺陷，就是两个牙长得高、长得大，咱们中国人管它叫龅牙、大牙，看上去不好看。可是这个女孩子的歌唱得非常好，结果，这个女孩子每次唱歌的时候，她都要把这两颗牙用嘴唇包着，呜呜这么唱。旁边就有一个明白人对她说："姑娘，你怎么老是唱歌时候用上嘴唇包着牙呢?" 这个女孩说："哎呀，我这个牙长得有点儿龅，不好看，丢人。" 旁边这位先生就说："姑娘，我给你个忠告，从现在开始，你唱歌的时候要想，我是给别人唱歌，不要想自己的牙，你就彻底地放松去唱了。" 这个女孩子听了这个人的忠告以后，再唱歌的时候，不想了，就把牙龇着，就好好唱，结果一唱唱出名了，火了，估计就是美国的"超女"。结果她一唱好了，后边接踵的事就是在美国的美容院里，凡是那些想当歌手的女孩子，觉得自己唱得差不多了，火候差不多了，都来了，干什么？都说自己想把牙弄高点，就是龇着点、龅着点，人家说你为什么这样呢？她们说你看某某，最有名的歌手，她是个龅牙，这个是最性感的。

我们讲，"为大英雄能本色，是真才子自风流"，风流不是个坏词，数风流人物还看今朝。

2. 养心八珍汤

慈爱心一片、好肚肠二分、正气三分、宽容四钱、孝顺常想、老实适量、奉献不拘、回报不求。

以上八味药，共置宽心锅内炒，不焦不躁；再放公平钵内研，越细越好，三思为本，淡泊为引；菩提子大小，和气汤送下，清风明目，早晚分服。

3. 百病百药

专心系爱是一病，憎欲令死是一病，纵贪蔽过是一病，不念报偿是一病，威势自胁是一病，语欲胜人是一病，喜怒自伐是一病，愚人自贤是一病，以功自与是一病，以劳自怨是一病，以虚为实是一病，喜说人过是一病，以富骄人是一病，以贵轻人是一病，心不平等是一病，以贤愤高是一病，追念旧恶是一病。

体弱性柔是一药，行宽心和是一药，动静有礼是一药，起居有度是一药，近德远色是一药，除去欲心是一药，推分引义是一药，不取非分是一药，虽憎犹爱是一药，好相申用是一药，为人愿福是一药，救祸济难是一药，与穷恤寡是一药，矜贫救厄是一药，位高下士是一药，语言谦逊是一药，恭敬卑微是一药，不负宿债是一药，愍慰笃信是一药，质言端悫是一药，推直引曲是一药，不争是非是一药，逢侵不鄙是一药，受辱不怨是一药，推善隐恶是一药，推好取丑是一药，推多取少是一药，称叹贤良是一药，见贤自省是一药，不自彰显是一药。

七、追求永恒与幸福

那么世间就没有值得奋斗的事情了？绝对不是，我们说的这些哲理，是专门开导要自杀的人的，他们本身就有心理疾患。

因为他们是病人，我们要开导他才这么说的。生活中有没有永恒，有没有值得奋斗的东西？当然有。每年十大民警评选，十个英雄人物评选，感动中国的评选。当选者不一定是大官，但是他们在默默无闻地奉献与工作。

张潮《幽梦影》说，人这一辈子，要是能够“值太平世，生湖山郡，官长廉静，家道充裕，娶妇贤淑，生子聪慧，人生如此，可云全福。”“值太平世”。我生在一个太平的社会，没有战争，而像我们的父辈，爷爷这一辈就赶上很多战争。“生湖山郡”，住的这个地方有山有水。“家道充裕”，现在是小康，家里都有点钱，不愁吃不愁穿。“官长廉静”，现在反腐，领导都很清廉。“娶妇贤淑”，娶个老婆很贤淑，跟我相敬如宾，执子之手，白头到老。“生子聪慧”，生个孩子特别聪明，上了重点中学。人生至此可谓全福，我们能生活在这伟大的时代，这样的社会，这样的环境和家庭，就是人生最大的幸福。

如果我不能作一棵大树，就去作一棵小草，但要作一棵最雅致的小草。

第六讲　校园暴力的防范

最近一段时间，各种媒体都经常有一些校园暴力的视频和报道。有连续打耳光的、有踢人的，在这些视频和报道中你会发现一个规律，女孩子不仅是被害方，也是可能是加害方。而且越是女孩子，有的时候越残忍，因此对女孩子来说，掌握应对校园暴力的技能是非常重要的。

一、明确校园欺凌的定义

校园欺凌有点邪，
专门欺负弱同学。
拳打脚踢打耳光，
侮辱谩骂带撒野。

1. 什么是校园欺凌

校园欺凌（Campus Bullying），多指中小学生之间的欺负、霸道和攻击行为。校园暴力（School Violence），校园暴力应和校园欺凌等同，二者基本属于同义词，两种行为侵害的后果多有叠加；校园暴力的侵害程度大于校园欺凌。校园暴力主要集中在暴力行为，其中很多都和青少年犯罪联系在一起。从侵害程度上来说，校园暴力的严重程度大于校园欺凌，而校园欺凌和校园暴力的本质区别并不大。

2. 校园欺凌的四大基本要素

校园欺凌主要包括四个要素。一是从校园欺凌的加害者来看，动作的发出者是青少年，其中包括青少年不良行为和青少年违法犯罪行为；被害者也多是青少年，其中包括中小学生。二是从时间上来说，校园欺凌并不是只包含上学期间、在校期间，也包括校外时间。三是从空间来说，校园欺凌可以发生在学校内，如教室、操场、食堂等，但是也有相当大的一部分欺凌行为发生在校外。四是校园欺凌的形式，既包括谩骂、殴打、暴力侵害和刑事犯罪侵害等显性欺凌行为，也包括如集体疏远、形成歧视氛围等隐蔽的欺凌行为。

二、校园欺凌的特点

1. 校园欺凌的四大特征

(1) 校园欺凌具有自愈性

很多校园欺凌的加害者在到达成年人的年龄之后，并没有走上刑事犯罪的道路。

(2) 校园欺凌具有隐蔽性

大部分的校园欺凌不仅不被警察所知晓，而且很多行为连家长和教师都不知道。

(3) 校园欺凌具有广泛性

根据各种实证研究，校园欺凌在中小学生中的发生率为20% ~60% 。

(4) 校园欺凌具有危害性

校园欺凌具有严重的危害后果，它给被害者造成的侵害是多方面的，包括肉体侵害和心理阴影。很多被害者在受到校园欺凌后不敢上学，产生对学习的畏惧感，不仅影响其学业，而且可能使其逃学，甚至加入校园欺凌的行列。

2. 校园欺凌主体的“H”型结构

校园欺凌的加害者和被害者多半都是中小学生，如果将二者有机地看待，那么可以用一个大写的“H”型结构来表示：校园欺凌的加害者为“H”结构的一边，被害者为另一边，中间以欺凌行为相联系。需要注意的是，欺凌行为不是单向的，而是双向的。也就是说，很多校园欺凌的被害者由于多年被侵害，最后可能反过来会对加害方实施反侵害。

3. 校园欺凌的广泛性

中国北京师范大学的一项调查结果显示：41% 的学生受到过打骂的侵害；39% 的学生受到过盗窃的侵害；36% 的学生受到过抢劫的侵害。

英国对校园欺凌也进行过调查，这是英国历史上对校园欺凌现象最大规模的一次调查。这次调查被国家电视台、广播、报纸、青少年杂志、青少年慈善机构以及警察网站进行了铺天盖地地报道。69% 的受访学生表示，他们在过去的 12 个月内遭受了欺凌，他们中的 50% 还表示欺凌者对他们进行了身体上的伤害。87% 的受访父母表示他们的孩子曾经被欺凌，77% 父母表示他们孩子受到过 5 次以上的欺凌。

4. 欺凌行为的种类

(1) 暴力型

①撞击、掐拧、殴打以及推搡

②打耳光、脚踢

③扒光女生衣服

(2) 言语型

①言语攻击

②起恶毒的外号

③散播谣言

④威胁和胁迫

⑤打匿名电话或侮辱电话

⑥发送侮辱短信

⑦通过恐吓让被害人厌学，被害人只能用装病来逃避他们

⑧到老师那里编造谎言、告状

(3) 麻烦型

①制造事端让人惹上麻烦

②把朋友抢走

(4) 财物型

①故意拿走物品

②损坏个人物品

③偷钱、抢财物

三、解析校园欺凌的根源

校园欺凌不同于成人的刑事犯罪，有很多自身的特点，如欺凌手段的残忍性、成年后的自愈性，以及很多欺凌的无原因

性。借鉴西方犯罪学理论及犯罪心理学研究成果，结合我国校园欺凌的具体情况，我们认为当前青少年校园欺凌行为的发生，可能与以下原因有关。

1. 青春期心理恐惧症

男孩肌肉顶呱呱，
女孩青春美如花。
没有地方来表现，
打人骂人常犯傻。

青春期恐惧症（Adolescent phobia）理论是西方犯罪学中有代表性的理论。该理论认为，青春期的男孩子长出了喉结、胡须，身体迅速发育，和成人几乎没有区别。但是，这时他们的心理发育滞后，和生理的发育不成正比，即呈现“半幼稚，半成熟”状态。这时候的男孩子、女孩子急需一个舞台来展示自己生理和心理的发育。成人可以在工作中找到表演的舞台，而青少年则缺少这样的舞台，这时他们就会采取一些刺激和发泄行为，来表示自己已经成年。校园欺凌和校园暴力事件，正是这种心理的突出表现。

2. 青春期行为的易漂移性

青少年犯罪的漂移理论（The drift theory of juvenile delinquency）认为，虽然青少年的身体发育已经类似成人，但其心理和自身对行为的控制性仍远远滞后。青少年的很多行为本身不带有目的性和计划性，因此校园欺凌事件的后果很难预测，往往是一件小事，就会被无限放大，而参与校园欺凌的加害方，往往表现出没有理智、没有逻辑的狂躁和兴奋，以及对行为后果的极度不负责任。

3．受不良学校亚文化影响

不良学校亚文化，
狐朋狗友一大把。
凑在一块干坏事，
干了坏事警察抓。

青少年犯罪的亚文化理论（The subculture theory of juvenile delinquency）认为，学校里一般存在两种文化，即努力学习、奋勇上进的主流文化和学习不好、逃学惹事的少年不良行为及青少年犯罪的亚文化。如果一名学生学习不好，可能导致其逃学到学校周边的黑网吧和犯罪团伙中，那么他就更容易接触到犯罪亚文化。

犯罪亚文化有以下几个特征：一是对犯罪行为、校园欺凌行为给予道德的支持；二是传授犯罪和校园欺凌的技巧；三是“中合技术”，即把欺负同学、盗抢同学财物，美化、转化为一种合理、常规的行为，把黑色的行为漂白为白色的行为。如果孩子在主流文化中得不到温暖，那么犯罪亚文化就会给他们提供温暖、保护和道德上的支持。

四、应对校园欺凌的良策

1．哲学思考：从预防犯罪到预防被害

校园欺凌与校园暴力，其中有一部分和青少年犯罪行为相重叠。传统思维认为，我们首先要预防犯罪，但是学校如何预防犯罪，又有多大的力量可以预防犯罪？犯罪是一个社会政治经济文化的综合产物。因此，我们有必要从哲学观念上更换一种思维方式，即“从预防犯罪，到预防被害”。

中小学校长应该把预防校园欺凌的观念和技能教给学校的每一个孩子，让他们从我做起、从现在做起，积极应对校园欺凌事件。如果每个孩子都能够向校园欺凌说“不”，都可以提高防范意识、掌握防范技能，那么学校就可以使校园欺凌的发生率降到最低。例如，树立观念防范。安全警语：“生命第一，财产第二。”又如，防范技能的掌握。对于长期受到校园暴力侵害的被害者，要依靠老师、家长和法律解决问题，千万不能冲动，以暴制暴。一则防范童谣：“不发难，晚决断，睡一觉，过一天，再找家长谈一谈。”安全教育，不要以理论为主，而要以实操的警语和平安童谣为主。

2. 主动防范：制定主动先发和被动反应的安全预案

学校安全预案是学校安全的总纲领。预防校园欺凌和校园暴力工作，在学校安全预案中应占有重要地位。学校安全预案分为主动先发的预案和被动反应的预案，应以前者为主。

中小学校长应对校园欺凌和校园暴力事件的根本法宝是制定详细的学校安全预案。但是，现在各学校编写的安全预案存在一定的问题，如理论性强，可操作性差；注重事后的快速反应，而忽视事先的防范；安全预案往往是放在校长办公桌上的一份文件，而不是融会贯通到每个学生、每个教师头脑中的可操作的预防技能。

3. 理性救助：建立对被害人的救助机制

中小学校长在应对校园欺凌和校园暴力时，往往注重于事后对加害方的打击，而不注重对被害人的救助。校园欺凌的动作发出者多是中小学生，被害者也大多是中小学生。因此，要把建立中小学生的被害人救助机制，作为预防和应对校园欺凌的有机组成部分。

4. 教育创新：让学生成为预防和应对的主力军

当前，世界警务改革已经到了第四次警务革命阶段，被称作“社区警务运动”。其基本理论是：产生犯罪的根源在社会，抑制犯罪的主力军是人民群众。校园欺凌产生于学校的学生之中，因此学生就是预防和应对校园欺凌的主力军。紧紧地依靠中小学生，对中小学生进行宣传教育，才是预防校园欺凌的重中之重。

（1）编写生命安全教育教材

生命安全教育教材应主要包括两方面内容，一个是对生命的尊重，既包括对自己的，也包括对他人的；另一个是学习安全教育知识。如某省教育厅统编了一套《生命安全教育》教材（分小学、初中、高中版，共10册），把对生命的尊重和各种安全教育结合起来，形成了统一完整的教材体系。

（2）设置生命安全教育课程

生命安全教育课程有其自身规律性，它既不能等同于思想教育课，也不能等同于法制教育课。中小学要设置专门的课时，配备专门的教师，对学生进行生命安全教育。

（3）开展生动活泼的生命安全教育活动

中小学的生命安全教育要轻理论、重实践，要有可操作性。

小学和幼儿园阶段就应该对孩子们进行生命安全教育，以符合青少年认知规律的形式，如运用“平安童谣”“平安童话”“平安童操”等生动活泼的形式，引导孩子们尊重生命，教给他们安全知识和技能。

5. 具体应对的措施

（1）家长的应对措施

发现孩子遭受欺凌是一个令人痛苦和感到紧张的经历。作为家长很自然会感到愤怒、狂躁和负罪感。有些孩子善于隐藏他们的情绪，问题可能开始于你的孩子突然不想去上学，或者在该要上体育课时说自己生病了。其他可能表明你孩子遭受欺凌的特征如下：

- 带着伤痕、淤伤回家
- 衣服被扯坏
- 要求补充被偷的物品
- 没有午餐钱
- 和曾经的好友不来往
- 变得心事重重，脾气不好
- 变得安静和胆小
- 不愿离家
- 在兄弟姐妹面前咄咄逼人
- 学习成绩下降
- 失眠
- 焦虑

（2）学生的自救应对

远期防范：要慎交朋友，多和班里的好同学接触，不要和坏孩子聚集在一起。特别要警惕，类似于黑社会性质的欺凌集团，要远离这些集团。如有必要可以去学柔道或者其他的武术，这样一来在必要的时候也会有信心来保护好自己。

①现场应对：

措施之一：面对殴打

打来打去小狗熊。
矛盾激化可不行。
告诉老师和家长。
依法解决真英雄。

面对校园暴力，要不要以暴制暴？给予适当的还击呢？

首先，对于小的欺凌，比如说推搡、踢一脚，不让你参加游戏等。当时不要发脾气，能忍尽可能忍，不要因为一件小事，而酿成大错。事后想好对策再反击。

我们说的不反击，也并不是要忍气吞声，适当的小反击可一试，比如说坏蛋推你一下，你躲过去了，让他摔一跤也可以呀，比如说他打你一拳你用力挡住他的攻击，如果你的劲儿比他大，他知道你不好欺负，也会终止在这儿，我们说的不反击，不是一点儿不反击，而是不要做过头的事儿。

其次，最好的办法是告诉家长和老师去应对，而不是自己去单打独斗。

最后，要认识什么叫勇敢，勇敢有三种。

小的勇敢就是你打一拳我再打回去，这个并不一定好，有的时候呢，还会引起更多的矛盾。

中等的勇敢就是，别人打你一拳，你退回来，然后去找家长、老师和学校解决。用校规校纪和法律来解决。

最大的勇敢，是当外国侵略者侵略了我们的祖国，我们奋起反击，那个时候，我们才是真正的勇敢。

措施之二：面对抢劫

自行车，新书包，
漂漂亮亮刚买到。
坏蛋抢去不硬拼，
生命第一要记牢。

要学会“生命第一，财产第二”的原则，在遇到抢劫的时候，不要与加害方过度的纠缠。

措施之三：面对谣言、威胁和胁迫

活得一定比你强，
遭受打压更坚强。
不和坏蛋正面斗。
发奋学习美名扬。

班上的坏同学给你起外号，甚至去编造你的谣言。不要想不开，更不能去做极端的事。不和坏孩子对骂，不和坏孩子正面的冲突。坏孩子越不让我活得好，我就要活得更好。我们可以努力学习，把学习的成绩做到班上最好，将来考上重点的高中，考上名牌大学，那就是对坏孩子最大的最响亮的回答，就是对他们那种丑恶现象最好的反击。记住：胆小的孩子办大事。

②事后救助：

告诉朋友或者老师、家长。只有你这样做了欺凌行为才会得到制止。

写一个纸条给你的父母。这样做也许对你来说很难以启齿，如果你认为自己没有勇气直接找他们的话，那么以下做法可能更易于做一些：写一个纸条给你的父母来解释你的想法，或者写给你所信任的父母之外的亲属，比如祖父母、婶婶、叔叔或者兄弟姊妹，让他们来转告你父母发生了什么。

找老师。你的辅导老师必须要了解发生了什么，因此尽量找一个不被他人注意的时间来告诉他你所发生的一切。你可以假装要老师辅导你功课。如果你认为自己这也做不到的话，那么去校医室里告诉校医。

最好的做法就是让老师抓住欺凌者的现行。这样才能有效制止欺凌行为。

6．法律惩处：多通道"教育挽救"

在校园欺凌中，青少年的某些行为已经构成犯罪。多年来，我国刑事政策对青少年犯罪采取教育挽救的政策，也就是"三个一样"，即"像父母对待孩子一样，像老师对待学生一样，像医生对待病人一样"。

针对校园欺凌和校园暴力的法律惩处方式主要有三种，围绕这几种方式也都有一些讨论和争议，需要引起中小学校长的关注。

（1）承担刑事责任

《中华人民共和国刑法》中对于刑事责任年龄（指法律规定行为人对自己的犯罪行为负刑事责任必须达到的年龄）的规定是：已满16周岁的人犯罪，应当负刑事责任，即为完全负刑事责任年龄；已满14周岁不满16周岁的人，犯故意杀人、故意伤害致人重伤或者死亡、强奸、抢劫、贩卖毒品、放火、爆炸、投毒罪的，应当负刑事责任，即为相对负刑事责任年龄，14周岁至16周岁的人不犯上述之罪的，不追究刑事责任；不满14周岁的人，不管实施何种危害社会的行为，都不负刑事责任，即为完全不负刑事责任年龄。现在，有些专家已经对青少年的刑事责任年龄提出异议，部分人还呼吁降低刑事责任年龄。

（2）进入工读学校

工读学校是我国为有轻微违法犯罪行为的未成年人开设的一种特殊教育学校，不属于行政处分或刑罚的范围。工读学校收容13～17岁、有严重不良行为但并未达到违法犯罪程度的少年。这些人从常规的中小学退学、被开除，或者被学校认为不宜留校学习，但不足以送少年管教所，故进入工读学校学习。工读学校的教育内容为常规学校教育、职业教育以及相应的法律道德教育，其管理比常规学校严格，学生住校，周末可以回家，一般年限为两年。

（3）接受教师惩戒

所谓教师惩戒权，是指教师基于其职业身份而获得的一种强制性管理学生的权力，是教师在教育教学过程中依法拥有的对学生的失范行为进行惩戒但不是体罚行为的一种权力。“男孩能吃千般苦，女孩能绣万朵花”。在一个人的成长过程中，惩戒教育和鼓励教育同等重要，过分偏废任何一种教育，都不利于促进学生的健康成长。若干年来，“夸奖式教育”和“鼓励式教育”理念在教育中占据上风，但学校却往往忽视了对不良行为的惩戒形式的探索。因此，当前有不少中小学校长呼吁教师惩戒权的回归，从而让教师管教学生有法可依、有章可循。

第七讲　女孩平安教育的创新——吉祥五宝

一、儿童安全教育的几个误区

第一，儿童安全不需要从小开始教，等他大了再说吧！从小给孩子进行安全教育，告诉他身边有大灰狼的话，孩子就会心灵扭曲，就会害怕。这种观点是不正确的。

第二，儿童安全教育可以做，就是吓唬吓唬他。比如说领孩子到外面去玩儿，在超市里玩儿，或者公园里玩儿，突然让他找不着爸爸妈妈，吓唬吓唬他，他就长记性了。这个也不好，会对孩子的幼小心灵产生不良刺激。

第三，以法制教育代替儿童平安教育。现在学校里也搞一些安全教育，但一般都是法制教育，特别是小学的低年级，请法学家来讲讲法律，比如说什么是强奸案，什么是抢劫案，什么是拐卖妇女儿童，判几年徒刑等。这样好不好呢？非常好，但是这不适合儿童的心理特点、认知特点和年龄特点，所以效果也不是特别好。

第四，根本就没有大灰狼。很多家长认为我们身边根本就没有大灰狼，我们孩子现在都上大学了，也没被大灰狼欺负过。你所说的什么大灰狼啊，所说的什么性侵害案件，都是耸人听闻的。甚至说都是那些个想卖书的人，来骗钱的一种手段。现在我们周围很安全，没有什么犯罪侵害。这种观点更是要不得。

那么什么是对儿童正确的安全教育观呢？应该有以下几点。

1. 安全教育要提早。拐卖孩子，对女童的性侵，有的时候就是从三岁开始，所以三岁的孩子就应该学会起码的防范意识，比如说“小裤衩、小背心不许别人摸”、“不见妈妈我不走。”

2. 儿童安全教育，要以有可操作性的技能为主。你跟孩子们说过马路要留神啊，孩子记不住，你只能跟他说：

红灯停，绿灯行，
遇到黄灯不抢行。
先左后右看一看，
一定要走斑马线。

二、吉祥五宝之一：平安警语

平安警语是我向英国警察学习的，英国警察的平安警语的特点是：

1. 一句简单的话，用词越少越好。

2. 具有可操作性而不是空泛的话。

3. 平安警语必须是从犯罪的案例中提炼出来的。绝不能是凭空想象的。要有具体的防范对策和科学的依据，作为制定平安警语的前提。

试比较中国警察的平安警语和英国警察的平安警语。

举例一，面对盗窃犯罪的平安警语。

中国警察的平安警语："民警同志提示你注意钱财"。

英国警察的平安警语是"不带今天不用的钱"。

举例二，面对性侵害的平安警语。

中国警察的警语是"看护好自己的孩子"。

英国警察的平安警语："小裤衩、小背心神圣不可侵犯"。

我们根据儿童的特点，仿照英国警察的平安警语，在多年的教学实践中总结出十句平安警语。

十句平安警语

1. 背心裤衩不许摸。
2. 向陌生人说不。
3. 坏蛋可以骗。
4. 坚决不打黑车。
5. 小小秘密告诉家长。
6. 发生突发事件可以自己逃生。
7. 一定要走斑马线。
8. 火灾来了，弯腰捂嘴往下逃。
9. 学会见义"巧为"。
10. 紧急避险时可以打破常规。

三、吉祥五宝之二：平安童谣

送你一只小灯笼，
平安童谣记心中。
记得有人祝福你，
默默送你去远行。

孩子，下雨时我愿为你撑起雨伞，危险时我愿把你护在怀中。可是你们要长大，要独自走夜路。送你一只小小的灯笼——一首首平安童谣，让这些小小灯笼伴你远行。记得身后永远有人目送你长大，他们是爸爸妈妈、老师，还有所有善良的人。

平安童谣是一种很好的方法，它每句话是七个字，每首童谣只有四行，第一句、第二句和第四句押韵，相当于中国古代的七言绝句。

小孩在三岁的时候很容易就能把这些个平安童谣背下来，又朗朗上口，又学了中文，还在不知不觉中学会了平安知识。

这里我们教大家六首关于女孩安全的童谣。

第一首，女孩安全要诀。

背心裤衩不许摸，
慎坐别人顺风车。
小秘密要告妈妈，
问我名字不能说。

王大伟提示：生个女孩要操心！

1. 背心裤衩覆盖的地方不许别人摸。

2. 男孩女孩独处一室不要超过30分钟（小学生四年级以上）。

3. 慎坐别人的顺风车。

4. 心中的小秘密要告诉妈妈。

5. 走夜路女孩要有尖叫报警器。

6. 绝不去宾馆开房。

7. 对熟悉的人也要提高警惕。

8. 遇人尾随走到马路对面去。

9. 学会二龙戏珠自卫术。

第二首，小公主。

小公主，一朵花，
人见人爱娇惯她。
传说女孩要富养，
过头反而害爸妈。

王大伟提示：

大富大贫者都不对，夸奖与惩戒兼而施教方可成才。

第三首，夏季多发强奸案。

较为平安三月三，
四月五月往上蹿。
夏季多发强奸案，
冬季侵财到峰巅。

案例：福建三个小女孩放学，来了个坏叔叔说带她们去看飞机，结果三个女孩都被性侵害了。

王大伟提示：

一年12个月犯罪是不一样的。较为平安三月三，这个时候犯罪率不高。四月五月，有一个农历节气叫惊蛰，雷一打，害虫就蠢蠢欲动，这叫四月五月往上蹿，这是第一次犯罪高峰。夏天的时候强奸案是最多的，性侵害案件最多，为什么呢？女孩穿的衣服叫瘦、露、透。夏天青纱帐长起来了，坏蛋易隐藏。好多女孩子睡觉的时候，不关门、不关窗户，都容易诱发犯罪。一到了冬天，春节前后，盗窃、抢劫、侵财案件就到了最高峰大家就要提高警惕了。

第四首，小熊。

小熊小熊好宝宝，
背心裤衩都穿好。
里面不许别人摸，
男孩女孩都知道。

案例：我们办过一个夏令营，找来一些8岁到10岁的孩子。

我们摆了一个塑料的模特，然后给孩子们红纸与绿纸，告诉孩子们，你觉得哪个地方不能够碰，就用红纸贴上，能碰的，就用绿纸贴上。孩子们都很聪明，十来岁的孩子把前胸、下面、肚子、屁股都给贴上红的，小孩子都知道这些地方不能碰。有趣的是，眼睛和嘴巴都给贴成红的，孩子们说眼睛不能碰，嘴巴不能碰，实际上也有道理。

王大伟提示：

背心裤衩覆盖的地方不许别人摸。

第五首，小小秘密藏心里。

小小秘密藏心里，
谁也不会告诉你。
坏人要是欺负你，
告诉妈妈要牢记。

案例：坏蛋欺负女孩，一般会说：这是咱们俩人的小秘密。

王大伟提示：

每个女孩子心里都有一点小秘密，一般是不会跟别人说的。但是不跟别人说，一定要跟妈妈说。尤其是受了欺负，放学回家以后，一定要跟妈妈说。

第六首，被性侵害后的救助。

保守秘密找医生，
毛发体液要取证。
受到侵害告亲人，
平复心情再报警。

王大伟提示：

第一，生理救助。被侵害以后要告诉亲人，同时要去找医生，取证的方面有：毛发、精斑、体液、抓痕和现场遗留物，要把它保存好。

第二，法律救助。要有专门的人给你讲怎么报案，在整个审理过程中，特别是中小学生，是要严格保密的，姓名和真实身份是不允许向外界透露的。

第三，心理救助。包括家庭的关怀、心理的救助和志愿者的交谈，在国外有性侵害救助中心。

四、吉祥五宝之三：平安童话

鼻涕熊猫口水狼，
欢乐故事天天讲。
妈妈坐，宝宝躺，
说着笑着入梦乡。

平安童谣再往前发展，就发展成了平安童话。为什么呢？有的时候我们到幼儿园小学去讲案例，一讲到小女孩被性侵害，一讲到小男孩被坏蛋劫走，很多小孩马上就说：我不听啊，我不听啊，有点儿害怕。

怎么办呢？我们把现实生活中血淋淋的案例变成童话，让小朋友听着口水狼和鼻涕熊猫的斗争，哈哈一笑，又学了平安知识，又讲了欢乐故事。

王大伟儿童安全百科绘本有三种：

1. 小石头、电饭煲与汽车警察（Little stone, rice cooker and car policeman）

2. 四季平安歌——小石头与屁屁狼在那难忘的一年里

（The safe songs of Four seasons——Little stone and Fart Yellow weasel in that unforgettable year）

3. 鼻涕熊猫与口水狼

举例之一：背心裤衩不许别人摸

童话故事：

第一页。花狐狸到田仔家找田仔玩，可是，田仔和姥姥出去买东西了，电饭煲就跟花狐狸两个人玩起了游戏。正在这时，门口有敲门的声音，说是来查电表的。电饭煲就把门打开了。

第二页。查电表的叔叔看到屋里只有花狐狸一个小女孩，就对花狐狸说，我们一块玩个游戏好不好？这个游戏就是先要把背心裤衩脱下来。

第三页。查电表的叔叔刚想玩这个游戏，一块积木从玩具箱里飞了出来，正好砸在叔叔的头上，叔叔一回头，又一辆小汽车飞了过来砸在叔叔的鼻子上。叔叔觉得很难受，一边哭，一边跑了。积木和汽车一定都是汽车警察扔的。

平安警语：汽车警察提示，背心裤衩覆盖的地方不许别人摸。

平安英语：where the vest and pants covered do not let anyone to touch. 背心裤衩覆盖的地方不许别人摸。

举例之二：拐骗小孩的新形式

童话故事：

第一页。田仔每天要去皇城根玩，那个地方有遛狗的，有踢毽子的，还有唱京戏的。一个骑三轮的老爷爷高喊一声："卖小金鱼儿喽"，差点勾走了田仔的魂儿。爷爷说，小金鱼儿是北京的一宝。

第二页。姥姥领着田仔去皇城根，一般妈妈也跟着，今天妈妈上班去了，所以只有姥姥一个人。这时，来了一个阿姨向姥姥借手机，那个阿姨拿起手机越走越远，姥姥着急了，就追了上去。

第三页。姥姥追阿姨的时候，树林里出来一个坏叔叔，抱起田仔就跑。坏叔叔觉得脚下有一个东西绊了一脚，低头一看，原来是红色的电饭煲用电线缠住了坏蛋的腿。坏叔叔刚要抬头，远处又有一架战斗机俯冲下来，"嗒嗒"地扫射玻璃珠子弹。不用问，那一定是汽车警察的变形。

第四页。原来，有这样一种拐骗小孩的形式，叫作"要小孩还是要手机?"姥姥和妈妈一定要提高警惕。

平安警语：汽车警察提示，一个人带小孩出去玩，别人引诱你做什么事情，最好都说不。

平安英语：Children under six years old to play in public places,the mother must pull his hand. 六岁以下的孩子到公共场所玩，姥姥和妈妈一定要拉着他的手。

举例之三：燕子南飞——身份识别卡

第一页。屋檐下的燕子窝。姥姥家的屋檐下有一窝小燕子。那是燕子妈妈用口衔泥一点一点修起来的，燕子家一共有四口人，除了燕子爸爸妈妈以外，还有两个燕子宝宝。每天，爸爸妈妈要飞很远抓小虫子回来。这时燕子宝宝张大了嘴拼命地叫着，妈妈就把小虫子放进宝宝的口里。这时，宝宝就会高兴得闭上眼睛，使劲地吞下去。

第二页。燕子脚上的红布条。春天来了，燕子爸爸妈妈要领着全家飞到南方去。这两天，小燕子都吃饱了，它们做好了飞走的准备。姥姥就踩着小板凳，从窝里掏出燕子爸爸，用一根小红布条拴在燕子的腿上，并且对燕子爸爸说："如果你冬天回来的时候一定不要把这个红布条弄丢了。"小石头和姥姥都很难过，不知道它们还能不能回来。

第三页。姥姥的礼物：身份识别卡。小燕子飞走了，姥姥很伤心，小石头也很伤心。姥姥给了小石头一张身份识别卡，上面有小石头的十指指纹，还有两根带发根的头发。姥姥把这张卡片填好之后交给了小学的班主任，这样就保存了小石头的全部信息。

第四页。小燕子的暗号：一粒种子。冬天来了，大家都在盼，燕子全家能不能回来，结果，四只小燕子都飞回来了，可是燕子爸爸腿上的红布条却没有了，可能是在这一年的飞行中掉了，燕子爸爸围着姥姥飞来飞去，从嘴里吐出一粒感恩种子，姥姥把种子种在院子的花圃里，居然长成了一棵长满黄色橘子的大树。

第五页。良好习惯：学会留下个人标记。小朋友有好多好的习惯，学会留下个人标记就是一个好习惯。如果我们在放学的路上，突然有坏蛋把我们抓走，我们就赶快把手里的书包或是书扔出去，这样爸爸妈妈就知道我们是在这个地方出的事，这就叫学会留下个人标记。

第六页。妈妈阅读：身份识别卡内容。

身份识别卡 A 面的内容有：照片、电话、血型、指纹、DNA。还有个人身份资料包括姓名、出生年月、性别血型、身高体重、体貌特征、医疗信息、家长姓名、联系电话、家庭地址、学校地址、联系电话。

身份识别卡 B 面内容包括所有手指的指纹纪录。

身份识别小卡片，
十指指纹印上边。
遗传密码保留好，
血型急救保平安。

用途：

1. 标明儿童身份、特征、指纹、DNA、血型。

2. 有重病的孩子乘车或上学途中遇突发事件标明疾病、过敏史、便于急救。

3. 遇到地震、车祸等意外时，由血型决定快速急救输血。

4. 遇突发事件，老师可根据座机、手机号码火速通知亲友。

5. 外出游玩，防止儿童意外走失。

6. 突发事件、犯罪侵害由指纹、DNA 辨别身份。

7. 外出学习、出国留学家长保留身份识别系统。

填写方法：

1. 卡片最好一并填写两份，一份家长保存，一份学校班主任保存（严防泄露个人信息）。

2. 照片、身高、体重应是最近一年内的。

3. 体貌特征：如配戴眼镜或有胎记、疤痕等特征应写清。

4. 医疗信息：写清疾病史、用药史及过敏症。

5. 指纹记录：让孩子双手十指在印泥上按下，然后在相应的指纹记录中逐一按压，留下清晰的指纹。

切记：

1. 此卡片为免费公益发放，严禁买卖获利。

2. 自愿填写，切勿统一组织填写。

3. 严防泄露个人信息。

五、吉祥五宝之四：平安童操

踢踢腿，弯弯腰，
一块做个平安操。
小小屁股扭一扭，
我是平安小花狗。

平安童话再往前发展了，又诞生了一个新的平安教育的方式，就叫平安童操。

欢迎大家一块儿来做一套《儿童平安操》。

小花狗，小花猫，
一起学个平安操。
爸爸放心去上班，
妈妈点头哈哈笑。

儿童平安操是怎么诞生的？

1. 英国警察的启示。儿童平安操，不仅在我们国家是首创，在世界上也是首创。我年轻的时候是在英国埃克塞特大学学警察学，当时我们看了英国警察巡逻的时候，带个小玩具，这小玩具是个小熊，小熊后面有个白色的缎带，上面写着一句话叫 say no to strangers，把它翻译成中文叫："不和陌生人说话"。还有的小熊后面有个白色的缎带，上面写的一句话是："小裤衩、小背心儿神圣不可侵犯"。我们又学会了，学会了以后呢，我还编了一个小童谣叫：

小熊小熊好宝宝，
背心裤衩都穿好。
里边不许别人摸，
男孩女孩都知道。

2. 北师大教育系读博士时的感悟。我年轻的时候在北师大教育系读博士，我的博士学位论文是《中小学生被害研究》。过去我们的教育学家不研究这个问题，教育的核心词是发展，但没有安全怎么发展？

好多年以前福建南平出了一件事，一个坏蛋早晨跑到一个小学门口，看见一个小姑娘，就问这小姑娘，你们学校几点开门啊，那小姑娘说七点半。到七点半一开门，那个坏蛋抱起一个孩子来两刀，53 秒钟杀了 13 个孩子。有的孩子不会跑，甚至有的孩子还从远处，冲着犯罪分子跑过去。

这个时候我们怎么办？编一个儿童安全操。所以当时我连夜就编成了儿童平安操。

儿童平安操这三五年传播得越来越好，它有什么特点呢？

1. 以平安童谣为基础。王大伟的平安童谣，四句话，朗朗上口。

2. 配上音乐，配上动作。手眼协调，培养性格。

我家有个小花狗，
生人接它它不走，
摇摇头，摆摆手，
不见妈妈我不走。

孩子从两岁半开始要有大动作训练与小肌肉动作训练，这个在心理学上叫手眼协调配合。这时就可以练习儿童平安操了。

3. 儿童平安操的目的就是让孩子健康平安地成长。真的希望这一代孩子在欢笑中成长，在健康中成长。

下面一起学王大伟幼儿园安全操（十节）。

- 起因：2013 年 3 月 5 日，福建南屏校园暴力事件。
- 特点：平安童谣与平安童操的结合。用肢体语言记忆平安技能。

● 好处：

(1) 用肢体语言牢记平安知识。

(2) 各部分肌肉协调运动。

(3) 培养儿童音乐韵律节奏。

(4) 培养儿童表演能力。

寓教于乐。

小朋友们，我们一起来做安全操！

第一节，小花狗操。

我家有个小花狗，
生人接它它不走，
摇摇头，摆摆手，
不见妈妈我不走。

第二节，小老虎操。

小老虎，会撕咬，
小山羊，会顶角，
坏蛋问我不知道，
敢骗坏人赶快跑。

第三节，背心裤衩操。

小熊小熊好宝宝，
背心裤衩都穿好。
里面不许别人摸，
男孩女孩都知道。

第四节，红绿灯操。

红灯停，绿灯行，
遇到黄灯不抢行。
先左后右看一看，
一定要走斑马线。

第五节，不逗小动物。

小花狗，小花猫。
不去逗，远远瞧。
抓伤咬伤都没有，
妈妈奖励大香蕉。

第六节，爱爬窗的小猴子。

小猴子，爱爬窗。
安插销，窗顶上。
窗台不放小板凳，
靠窗不能放小床。

第七节，男孩要有爷们样。

男孩要有爷们样，
吃苦节俭铁骨肠。
摔倒百次自爬起，
不让泪水挂眼旁。

第八节，安全小鼻孔。

小汽车，玩具熊，
掉下扣子螺丝钉。
小小零件要收好，
千万不能进鼻孔。

第九节，小口咬的小花猫。

小花猫，小花猫。
吃东西要小口咬。
果冻可能卡嗓子，
花生瓜子不能笑。

第十节，防走失拐骗歌。

你拍一，我拍一，小狗穿件大红衣（A red coat）。
你拍二，我拍二，不吃生人羊肉串儿（Barbecue）。

你拍三，我拍三，妈妈电话记心间（Phone codes）。

你拍四，我拍四，问我叫啥没名字（My name）。

你拍五，我拍五，拔腿就跑小老虎（Small tiger）。

你拍六，我拍六，认识警察会求救（Policeman）。

你拍七，我拍七，人多拥挤咱不去（The crowded situation）。

你拍八，我拍八，妈妈做个身份卡（The ID card）。

你拍九，我拍九，生人叫我我不走（Say no to strangers）。

你拍十，我拍十，小狗回家—认—识—路（The way going home）。

祝小朋友快乐平安！

六、吉祥五宝之五：平安母子剧

再往下发展，还有一个新的形式，叫家庭平安母子剧。我们把平安童话里的人物，比如说鼻涕熊猫、口水狼、小狐狸、小石头，还有什么电饭煲、汽车警察这些小精灵都印成脸谱，让爸爸妈妈、爷爷奶奶和小朋友一块儿来演平安母子剧。比如说，有一个童话就叫《躲着那条小狗走》，我们就让孩子和家长一块来演这个母子剧，要念台词，还有英文，还可以给孩子戴上面具，或者穿上特制的衣服，其乐融融。

如果说是礼拜六礼拜天，天气不好，或者是有雾霾，我们就一家人，上客厅里去表演母子剧，大家嘻嘻哈哈，高高兴兴，又锻炼了孩子的演出才能，又让孩子学会了安全的知识，这是多好的事儿啊！

这里演示一个母子小剧场。

母子小剧场剧目：家里有许多危险隐患。

全家一起参与演出。每人手持面具牌。

主题：家里有许多危险隐患。

主题歌（用两只老虎的曲子）：

熊猫胖大，熊猫胖大，

真漂亮，真漂亮，

帮助身边小朋友，打败坏蛋口水狼，

有力量，有力量。

人物：

a. 大苹果警察艾坡（Apple Policeman）

b. 跳跳猴芒奇（Jumping monkey）

c. 鼻涕熊猫胖大（Nose Panda）

背诵平安童谣：小猴子。

小猴子，爱爬窗。安插销，窗顶上。窗台不放小板凳，靠窗不能放小床。

第一幕。大森林电视台要做一期家庭平安节目，特地邀请大苹果警察艾坡和鼻涕熊猫胖大来做嘉宾。那是一个美丽的下午，他们一起来到了小猴子家寻找安全隐患。

第二幕。跳跳猴芒奇还有爸爸妈妈一起在门口迎接他们："欢迎、欢迎，热烈欢迎。"鼻涕熊猫胖大第一次见到这么漂亮的住房，当他走进房里的时候，他吃了一惊："难道这就是传说中的白金汉宫吗?"

第三幕。大苹果警察艾坡领着鼻涕熊猫胖大走进了跳跳猴芒奇的卧室，一一寻找安全隐患。大苹果警察艾坡问鼻涕熊猫胖大："你看这个美丽的家里有哪些危险的隐患呢。"大苹果警察艾坡从腰里拔出危险探测镜，发现跳跳猴芒奇家里有许多危险隐患。大苹果警察艾坡提示家中有危险：(1) 家中有幼儿，桌子上却放水果刀或瓜子花生。(2) 有大玻璃鱼缸 (滑倒撞上非常危险)。(3) 有吊兰 (会掉下来)。(4) 楼房窗子没有高置的插销 (孩子可以爬上去)。(5) 窗户边放小床或是小凳子 (孩子可能会爬上去)。

第四幕。给自己家打安全分。满分一百分。

延伸阅读一

英国儿童十大权利

一、安全的权利

教育儿童，人人有神圣的权利，这种权利任何人不能剥夺。告诉儿童，任何人也无权剥夺儿童的安全权。安全重于一切。

二、保护自己身体的权利

儿童应当知道身体属于自己，身体的某些部分应被衣服所覆盖，不许别人看，不许别人触摸。儿童有拒绝亲吻、触摸的权利。

三、生命第一的权利

告诉儿童在遇到暴徒时，有权获得朋友的帮助或坚决拒绝暴徒的要求。许多暴徒表面凶狠，内心却很胆怯。所以许多儿童齐心协力，一齐高喊："滚蛋!"这通常能把坏人吓跑。万一遇到真正的身体威胁，儿童身小力薄，一般只能向坏人屈服。有时，孩子们会担心被坏人抢去财产回家挨打受骂。例如，有的孩子会想：如果坏人抢了我的自行车，父母准会打死我。此时应该告诉孩子，他们的身体安全比自行车更重要。

四、向父母讲真话的权利

向孩子保证，无论发生什么事情，只要孩子向父母讲明真情，父母都不会怪罪的，而且会尽力帮助孩子。当儿童向大人说实话时，他们应被充分信任。大人应当信任儿童，并及时帮助他们。例如，在性骚扰事件中，如果儿童向大人诉说，而未得到信任，这种骚扰会经年累月持续下去。

五、拒绝毒品与危险品的权利

孩子有权不听陌生人的话，不喝陌生人的饮料，不吃陌生人的糖果。有权对毒品、烟酒坚决说不。

六、与陌生人不打交道的权利

孩子有权不和陌生人说话。当陌生人与孩子说话时，孩子可以假装没听见，马上跑开。陌生人敲门可以不回答，不开门。告诉孩子，对陌生人不理睬是对的，小孩没有能力帮助陌生人，大人绝对不会认为这是不礼貌的。

七、紧急避险的权利

为了保护自己，儿童有权打破所有规章与禁令。告诉孩子，在紧急之中，他们有权大叫、大闹、踢人、咬人，甚至可以破坏家具。司马光砸缸就是典型事例。

八、果断逃生的权利

遇到坏人、地震、大火，孩子应当果断逃生，拔腿就跑。自警、自救、自助。可以不等大人的指挥。

九、面对侵害不遵守诺言的权利

告诉儿童，即使他曾发誓不告诉别人，但遇到坏人欺负一定要告诉家长，这些秘密千万不要埋藏在心里。

十、对坏人可以不讲真话的权利

延伸阅读二

孩子平安杀毒软件
应对100种小病毒

中国人民公安大学王大伟教授倾力“研判”出孩子平安杀毒软件，以应对100种小病毒，建议年轻的家长在家中查找安全隐患。

本杀毒软件适应孩子为0～7岁，以挂图形式对照查找孩子身边的安全隐患。每发现一个隐患，用红笔标出并及时注意清除。

一、在家篇（52种）

（一）眼耳鼻口有危险

1．眼睛的安全

查找小病毒

（1）小孩不要玩针线（预防扎伤眼睛）。

（2）不许玩医院的注射器与针头。

（3）玩具枪不许对准小朋友的眼睛。

（4）小孩的剪刀应该是平头的。

（5）照相不要看闪光灯，看前方。

（6）放鞭炮大人要看管。

（7）小孩不要固定姿势躺着看电视（预防斜眼）。

2. 耳朵的安全

查找小病毒

（1）耳朵里不能放玩具。

（2）放鞭炮要远离，并捂耳朵。

（3）铃铛与报警器不许放在耳边。

（4）挖耳屎不是好习惯。

3. 鼻子的安全

查找小病毒

（1）家中玩具有可以拆解下的小零件（误入鼻孔或误食）。

（2）孩子爱闻花（花籽可吸入气管）。

（3）孩子可以触摸到豆子、药片等（误入鼻孔或误食）。

（4）孩了可以触摸到刺激性液体，酱油醋也不要放孩子手边（防止呛着）。

（5）孩子爱抠鼻子。

（6）新装修房子，有异味，化学物品超标。要远离。

4. 嘴巴的安全

查找小病毒

（1）孩子不能接触到扣子与药片。

（2）孩子不能接触到灯泡、体温计（误食玻璃或水银）。

（3）桌子上不许摆放花生瓜子。

（4）不许躺倒吃东西。

（5）不要吃果冻。

（6）笑谈、打闹时不许吃东西。

（7）不许用饮料瓶子装洗涤剂、硫酸或毒药（误饮误食）。

（二）家中有危险

查找小病毒

（1）家中有幼儿，桌子上放水果刀或瓜子花生。

（2）家中有大玻璃鱼缸（滑倒撞上很危险）。

（3）家中有吊兰。

（4）楼房窗子没有高置插销（孩子可爬上去）。

（5）楼房窗户边安放床或凳子（孩子可爬上去）。

（6）楼房窗户防盗栅栏为横向（孩子可爬上去）。

（三）水火无情

1. 火的危险

查找小病毒

（1）孩子不玩火柴。

（2）点燃的蜡烛、蚊香应放在专用的架台上，不能靠近窗帘、蚊帐等可燃物品。

（3）桌子上放热汤，不要有桌布，预防烫伤。

（4）到床底、阁楼处找东西时，不要用油灯、蜡烛、打火机等明火照明。

（5）阳台上、楼道内不能烧纸片，燃放烟花爆竹。

（6）不要从燃放烟花爆竹区穿过。

（7）厨房有自动打火煤气，大人不在家时，关闭煤气。

2. 水的危险

查找小病毒

（1）洗澡时要有大人在旁边，最好采用淋浴，盆浴容易呛到孩子。

（2）热水瓶放在孩子够不到的地方，防止热水烫伤。

（3）不要随便玩水龙头。

（4）盆浴先放凉水，再放热水（防孩子跳入）。

（5）浴室没有防滑垫。

（6）家附近有水塘水坑。

（7）家附近有露天厕所。

（8）雨季家附近有挖掘的建筑工地（积水可能会淹死人）。

（四）个人卫生

查找小病毒

（1）饭前和便后要洗手，不能吃饭不洗手。

（2）打喷嚏时用手帕或纸巾捂嘴。

（3）屋里要经常通风换气。

（4）瓜果要洗干净再吃。

（5）饭有怪味就不吃。

（6）小胖子就是吃多了还吃零食。

（7）扁豆炒熟了再吃（防止中毒）。

二、上学篇（18种）

（一）交通平安

查找小病毒

（1）过马路不理睬红灯通行。

（2）过马路时不拉着大人的手。行走时不专心。

（3）在马路边滑旱冰。

（4）独自一人在道路上玩耍、坐卧。

（5）过马路不走斑马线。钻越、跨越交通护栏或道路隔离设施。

（6）坐公共汽车时，坐窗户边把头、手伸到窗户外边。

（二）校园突发暴力事件

查找小病毒

（1）学校周围有很多小商店，各种小摊，人员流动复杂。

（2）天黑时与陌生人的距离少于15～30米，平时与陌生人距离太近。

（3）家长送孩子时只到学校门口就转身离开，不等孩子安全进校门。

（4）上学放学时，学校门口有很多人，不避开拥挤的人群。

（5）上学放学不和小朋友结伴而行。

（6）爱和陌生人说话，吃陌生人的东西。

（三）面对性侵害

查找小病毒

（1）孩子尤其是女孩子经常一个人在家。

（2）把女孩交给“半熟脸”看管。

（3）异性老师对学生有猥亵行为，如对学生乱摸乱亲。

（4）接受陌生人给的东西。

（5）除了父母，放学任何人接都不和他走。

（6）教孩子“小裤衩不许别人摸”，警惕邻居大叔对小女孩过分亲热。

三、游戏篇（30种）

（一）玩具危险

查找小病毒

（1）选择玩具时音量在70分贝以上。

（2）选购弓、箭、枪、飞镖等抛射性玩具。

（3）选购易燃毛绒布制玩具。

（4）塑料薄膜吹气玩具给孩了作水上救生之用。

（5）玩具包装塑料袋套在头上，紧贴嘴、鼻。

（6）玩具有易拆卸小零件。

（二）突发事件

查找小病毒

（1）发现有可疑包裹时，随便拾遗或者拆开（可能是炸弹，很危险）。

（2）遇到不明物体，在好奇心的驱使下玩耍。

（3）捡拾发光小宝石（可能是放射源，很危险）。

（4）经常带孩子去体育场馆等人群拥挤的地方，没有警惕意识。

（5）公园门口人多，还哭喊着要去。

（6）拥挤混乱的地方，如楼梯、地下通道、桥梁，没有恐惧意识，慢慢散步或让孩子自己走。

（7）公园里让孩子与陌生小朋友玩，大人看书。

（8）在假山旁玩（石头不牢砸伤人）。

（9）在水池旁玩（落水伤人）。

（10）带孩子去庙会、音乐会、动物园，无专人看管。

（11）遇到突发事件，自己盲目地救小朋友。

（三）护子银锁

查找小病毒

（1）居住地在外来人口集中的地方。

（2）居住地点在三环以外。

（3）父母是外来务工人口。

（4）父母从事餐饮、娱乐、发廊等服务行业。

（5）孩子小于三岁。

（6）孩子没有固定可靠的人照看。

（7）三岁以上孩子不会背家庭住址，不识回家的路。

（8）三岁以上孩子不会认识北斗星与方向。

（9）三岁以上孩子不会背父母电话号码。

（四）突发疾病

查找小病毒

（1）放手让孩子与小狗小猫逗玩（易被咬伤、抓伤）。

（2）小狗小猫抓伤简单包扎（马上打狂犬疫苗针，24 小时之内）。

（3）孩子脚被钉子扎破，简单包扎（马上打破伤风针，24 小时之内）。

（4）七岁以下儿童高烧，马上降温防止抽风。